ドアミラーをたたんで下さい
停車

dormy inn

幡野広志

他人の悩みは
ひとごと、
自分の悩みは
おおごと。

#なんで僕に聞くんだろう。

はじめに――迷子になった子どもが目的地にたどり着けたなら、それは子どもが頑張ったから

「わたしも人生相談をやりたいんです。」という人がたまにいる。人生相談を能動的にやりだしたら、それはすこしお節介な人だけどねっておもうけど、きっと誰かの役に立ちたいのだろう。

相談にのることが好きかと聞かれれば、ぼくは別に好きではない。人の悩みを聞くと精神を消耗するので、どちらかといえばあんまり聞きたくないというのが本音だ。

愚痴ばかりをいう人と一緒に食事をしたくないというのと似ていて、人の悩みを聞いているよりもたのしい話を聞いて、わらって美味しいものを食べているほうが生活の質は高い。

じゃあなんで人生相談をやってんだよって聞かれたら、相談されたからこたえているだけとしかいえない。悩む人からすればとても困っているのかもしれないし、もしかしたら追い詰められているかもしれない。迷子になっている子どもを無視できないのとおなじことだ。

こういうことを書くとこれから相談を送ってくる方へのプレッシャーになってしまいそ

うなんだけど（気にしないでね）、悩みにこたえた相談者さんから後日メッセージが届くことがよくある。

後日談やお礼などが書かれているけど、ぼくはとても無責任にこたえているのにもかかわらず、ぼくのアドバイスをもとに人生を大きく変えるような決断をする人もいる。おそらく相談者さんが泣きながら書いたであろうメッセージを読んで、おもわずぼくも涙ぐんでしまうこともある。

すこしでも誰かの役に立てたことが実感できてうれしかったりする。とはいえ相談者さんから感謝されるほどのことでもない。

迷子になった子どもが目的地にたどり着けたなら、それは子どもが頑張ったからにすぎない。

途中で道を教えてくれたり、手助けをしてくれた人がいたり、迷いやすい道に看板を立てたナイスな人がいたかもしれないけど、頑張る背中をすこし押しただけだ。なにをいわれるかもわからないのに、自分の悩みをおおやけに公開されるのにもかかわらず、悩みを送ってくれた相談者さんが勇気をだして頑張ったからだ。

それにぼくはそれなりに高い原稿料をいただいている、本当に感謝されるほどのことはしていない。

悩む人というのは孤独だったりもする。すこしお節介な人も役に立ちたいのだから、うまくマッチングすればいい社会になるような気がする。ただ、すこしのお節介のつもりが度をこえたり、相談者が依存しだすと大変だ。

人生相談ほど人柄をあぶりだすものはない。相談者と回答者はもちろんのこと、人生相談に感想コメントをつけてＳＮＳに投稿する第三者ですら人柄があぶりだされる。

社会で生きていくうえで大切なことは、人を見る目と人との距離感なんだとさいきんになってようやくわかった。

他人の悩みはひとごと、自分の悩みはおおごと。　目次

生きる希望を感動ポルノの監督に作られたくない

Q

母が癌《がん》になり、末期ではありませんが現在治療中の身です。わたしは20代でもう大人のため、母を安心させたい気持ちと生きる希望になればと思い、最近婚活を始めました。というのも、今までろくな恋人もおらず心配をかけてしまっていた面もあるからです。できれば病状が悪くなる前に子供を生んで孫の顔を見せてやれないかとも考えています。

ですが私自身、結婚はまだ先の話だと思っていたため、自分の趣味を蔑《ないがし》ろにしているストレスもあり、またこんな気持ちで子供産みたいと考えるのは不誠実ではないのかと思い、自分でどうしたいのか分からなくなってしまいました。母は孫の顔を見るのが楽しみだと言っていたので、それを思うと心が苦しくなります。

もし幡野さんのお子さんが成人していたとして、その子が孫の顔を見せてあげたいと考えていたらどう思いますか？（匿名 女性）

A

がんといっても胃がんとか大腸がんとかいろんながんがあって、どれくらい進行しているのか転移はあるのか、初めてのがんなのか再発なのか、治療方法もさまざまなのでまったくお母さんの状況がつかめません。

簡単にいうと助かる可能性が高いのか、亡くなる可能性が高いのかということです。奇跡は起きる！　必ず治る！　みたいな希望的なものでも、神風が吹くみたいな根性論でもなくて、客観的なデータをもとにした天気予報のような可能性です。

お昼から大雨が降ります、降水確率は90％ですって天気予報のお姉さんにいわれたら、おおくの人は傘を持って出かけたり、コンビニでは傘を売る準備をするとおもうんです。降水確率が90％なら雨が降るっておもいますよね、でもがんになるとおおくの人が10％を信じてしまうんです。

そういうものなんです、それが普通なんです。不安やあせりがあると冷静さを失ってしまい、客観的なことって判断ができなくなってしまうものです。

あなたはいままでにろくな恋人がいなかったのに、結婚相手や子育てをするパートナーをどうやって見つけるんですか？　婚活で出会いはあるかもしれませんけど、どうやってその相手を見定めるのですか？

「ろくな恋人」というのが、いままでに付き合ったのがダメ男ばっかりだったのか、それとも付き合った経験が少ないのか、どちらの意味かわからないけど、どちらにしても結婚相手を探すうえで、これまでに「ろくな恋人」がいないというのは、プラス材料にはまったくなりません。

そしてお母さんの病気のことがあります。つまりあなた自身に不安やあせりがあるなかで、自分の人生を左右する伴侶を探し、子どもの父親になる相手を探し、子育ての相棒になる人を探すわけです。冷静になって考えてみてください、客観的にみて、できますか？結婚相手ってとても重要です。重要な相手であるからこそ、あせりや不安があるときではなく、余裕のあるときに探したほうがぼくはいいとおもうんです。もしもダメ男だったらどうするんですか？　もちろんサクッと離婚すればいいんだけど、あなたの目的はお母さんを安心させることなんですよね。

離婚自体は失敗でもなんでもないのだけど、あなたみたいなタイプはお母さんを安心させるために離婚をしないとおもうんですよ。ダメ男と子育てするのって本当に大変ですよ。チンパンジーとかちょっとかしこい犬と一緒に子育てしてたほうがいいぐらいです。

あなたと出会う婚活男子だって、お母さんを安心させて生きる希望をあたえたいという理由では、子どもはおろか、結婚もしないでしょう。どう考えても重すぎるよ。もしもこれでホイホイと結婚して子どもを作ろうとする男性がいたら、それこそ「ろくに女性と付き合ったことがない人」でしょう。

うまれてくる子どもだって、自分がうまれた理由を知ったらショックだとおもいます。あなただって親から「おばあちゃんを安心させるために産んだのよ」っていわれたらどうですか？

そしてもしも、ぼくの妻があなたとおなじ理由で、子どもがほしいといいだしたら「それはうまれてくる子どもの人生とは関係がないよね」と返すとおもいます。そのあとどういう話し合いになるかはわからないし、どういう答えを出すかはわからないけど、まず最初にブレーキはかけます。

ぼくもがん患者で3歳の子どもがいますけど、子どもがもしも成人していてあなたとおなじことをされたら、正直なところ困りますよ。ぼくのせいで無理をさせてしまって申し訳ないとおもうだろうし、孫を抱くことはきっとたのしいのだろうけど、それがぼくにとっての生きる希望なのかは不明だし。気持ちはすごくうれしいけど、うれしいからってやってほしいとはおもわないですね、気持ちだけでありがとうという感じ。

結婚していて子どもがいるぼくがいうとあまり説得力はないけど、結婚や子どもだけが人生でもないですよ、世界は広いです。孫を抱くのもいいのかもしれないけど、ぼくは広い世界をできるだけたくさん知りたいかな。最後は狭い病室で死んじゃうんだし。

　がんになると日常が失われてしまうんですよ、仕事を失ったり、いままでできていたことができなくなったり、そして人間関係も崩れてしまうんです。みんな腫《は》れ物を触るようによそよそしくなってしまうし、お通夜にいくような表情でお見舞いに来ちゃうし。がんっていうのはそういう病気なんです。

　普段どおり接してほしいとおおくの患者さんがよくいいます。つまりお母さんが健康だったらしないようなことを、お母さんが病気になったからといって急にやらなくていいんですよ。


　でもあなたの気持ちもわからなくもないので、反対をする気はないのだけど、せめてあなたの考えは全員に黙ったままでやったほうがいいよ。そのほうが物事はうまく進むとおもいます。それがいちばんいいんじゃないですか。

　そもそも、あなたはお母さんのために結婚をして孫の顔を見せたいわけじゃなくて、本当は自分が結婚したくて、子どもがほしいんでしょ。そこをちゃんと目を逸らさずに見なきゃダメですよ。もうちょっといってしまうと、お母さんの病気のせいにしているのはズルいです。

ぼくの周りにも「あなたのために」ということをいってきた人が１００人以上いたとおもいます。でもそういう人たちって本当はみんな「自分のために」なんですよ。本当にぼくのためをおもってくれる人ってぼくのやりたいことを応援してくれる人なんです。これは似ているようで全然違うんです。

そしてぼくは、「あなたのために」という人とは関係を絶ちました。その人のために寿命を消費させられてしまうからです。生きる希望を感動ポルノの監督に作られたくないんだよね。ぼくの年齢が若いからなのか、みんなぼくを使って感動ポルノのデビュー作品にしちゃうです。

結婚＝出産＝しあわせ＝安心という、しあわせ一年生で習う方程式って、じつは間違ってるんですよ。１００組結婚したら40組は離婚をするし、残りの60組も円満家庭ってわけでもないです。

「孫の顔を見るのが楽しみ」ってお母さんはいっていたのかもしれないけど、それって健康なときにいってたことでしょ。がんになってからいうとはちょっとおもえないです。

一般的ながん患者になった親の感覚でいえば、まだ存在しない孫のことをおもうよりも、いま目の前にいるあなたのことを気にかけるとおもうんです。あなたは親の安心を考えないで、自分のしあわせを第一に考えて行動したほうがいいです、それが結局のところお母さんの安心としあわせにもつながります。

彼氏ができて結婚するかどうか迷ったら、自分よりも立場の弱い人間に対して、どんな態度をとるかをよくみましょう。その態度はいつかあなたと子どもにする態度です。

そしてぼくのじゃなくてもいいから、人生相談のコラムを読ませてみましょう、人生相談って相談者と回答者の人間性がよく出るんだけど、じつはなによりも感想をいう読者の人間性がいちばんよく現れるんだよ。

いい人と出会ってください、余裕をもって冷静に。

あなたともあなたの彼氏とも、付き合いたいという人はいない

Q

幡野さんへ

今、私にはお付き合いしている年上の男性がいます。出会いはバイト先で、彼からの猛烈なアタックから始まり、自分にも好意が芽生え始めた時にはもう、身も心も許す関係になっていました。

付き合い始めて半年を過ぎたころ地元に住んでいる3個下の妹が会いに来てくれることになり彼の願いから、彼も加えた3人で遊ぶことになりました。遊んだ日には特に何もなかったのですが、次の日都内の乗り換えに慣れてない妹のため、途中まで方向が同じ彼が電車を一緒にのって送ると申し出てくれたので逆方向の大学に向かう私はそれに甘え2人を見送りました。その時は、無事目的地まで到着できた連絡を妹からもらい、案内をしてくれた彼に感謝し、事は終わりました。

それから3ヶ月後スキーに旅行にいく計画を2人で立てていた時、どうしても彼が妹も連れて行こうと言いだしその必死さに違和感を感じて彼がいない時を狙い、妹に電話でその話をしました。すると妹が、彼には一生会いたくないと話し始め理

由を聞くと、私が2人きりにしてしまった時間の中で満員電車ではあったものの彼からの身体的接触があまりに多く、とても気持ちが悪い経験をしたという内容でした。そして別れる間際に「お姉ちゃんには秘密ね」と言われ、いつのまにか交換していたラインもしつこくメッセージが届いているらしくできることなら顔を見たくない、満員電車がトラウマになったと話されました。1人しかいない守るべき妹の身体を汚してしまった姉としての情けなさと、彼から裏切られたショックと怒りですぐに別れを決めました。

　怒り狂い喚《わめ》きながらも話し合いを続けていると、別れるとしてもどうしてもスキーには一緒に行こうというしつこい願いに流され行ったスキー旅行は全て忘れてしまうほど楽しく、いつのまにか関係は元通りになっていました。

　しかし、まだ別れていない私に対しての妹から無言の大きな壁ができ、それに我を思い出した私は何度も何度も彼と別れの話をしました。本気で終わりだと思った時期に彼がバイトの後輩の子にアタックしていたことを知り、本当に何も信じられなくなりました。永遠に続く別れ話に精神はボロボロで、その穴を埋めるためにまた彼と離れられなくなる自分の心の弱さから、関係は結局変わらず今に至ります。

　ここ半年ぐらいそんな問題もない事実を認めて、これからは私だけを愛することを信じてほしいという彼の行動全てが何も信じられません。過去のことを忘れることはできないし、心を入れ替えているかもしれない彼を信じることができず、どんな些細なことでも疑う自分が嫌でたまりません。妹には別れていると嘘をついています。いつか終わりが来る学生恋愛だとしても、これから彼とどう向き合えばいいのか分かりません。考え方をどう変えればいいのでしょうか。（ばろん 19歳 女性）

A

一般的な価値観をもっていれば、あなたの彼氏みたいな人とお付き合いをしたい女性はまずいないとおもいます。だって恋人の18歳未満の妹に手をだすような彼氏ですよ。

前シーズンのスキー旅行にいったのでしょうが、２０１９年の1月にスキー旅行にいったとして、その3ヶ月前に妹さんとの一件があって、さらにその半年前に交際をはじめたと仮定すれば、２０１８年の4月ごろに彼氏と付き合いはじめたのだとおもいます。

あなたが現在19歳の大学生ということは、付き合ったときは地方から東京にでてきたばかりの18歳だったわけで、実家からの解放感もあり、東京ハイになっていたんでしょう。緊張や不安で慣れないバイト先で彼は優しくしてくれたんでしょうけど、あなたに男性を見る目がなかったのと、彼の脳内がセックスでいっぱいだっただけです。

世の中にはいろんな人がいて、いい人もいて悪い人もいるわけです。人生経験を積まなければ人を見る目というのは養われません。人は失敗を経験して成長するものだし、人から騙《だま》された経験で次は気をつけようとなります。

ぼくだって人生を振り返れば、失敗だらけだったし、騙されることだってありました。でもそうやって大人になります、きっと人生ってそういうものです。

でも、妹さんの一件を知っても彼と付き合い続けてるのはダメでしょうね。15歳か16歳の妹さんに彼がやったことは性犯罪です。満員電車のなかの見ず知らずの女の子に同じことをやったら痴漢として逮捕されることです。あなたの彼氏が性犯罪の加害者で、妹さんが性犯罪の被害者になってしまった事実はよく考えましょう。

あなたは怒り狂ったけど、そのあとにスキー旅行にいってすべて忘れたそうですが、セックスしてすべて忘れたってだけのことです。怒り狂ったのも妹さんのことをおもってではなく、自分以外の女性に手を出したことによる怒りだとおもうんです。

「1人しかいない守るべき妹の身体を汚してしまった姉としての情けなさ」って書いてるけど、ほんとうは妹さんのこと面倒くさいっておもってるでしょ。妹が黙ってくれていれば丸く収まるって。こういう綺麗事っていうのは一瞬でバレるんです、妹さんの被害を、自分を美しく飾る道具にするのはやめましょう。

妹さんからすればあなたの彼氏は、満員電車がトラウマになるほどのことをした、一生顔を見たくない男性です。彼と別れたというウソが妹さんにバレたときに、あなたはセカンドレイプの加害者になります、妹さんからの信用はすべて失います。そしてあなたのウソはいつか絶対にバレます。

こんな一件があっても彼氏と付き合っていられるんだから、それはもうそれでいいじゃないですか。一般的な価値観をもっている男性だって、あなたみたいな人とはお付き合いをしたいとおもわないんですよ。だって彼氏に未成年の妹が手を出されたのに、スキー旅行ですべて忘れるんですよ。

あなたは、付き合うのは簡単なんだけど別れるのが大変そうなタイプなんですよね。「永遠に続く別れ話に精神はボロボロで」ってあるけど、あなたが別れたくないだけでしょ、彼は他にセックスできる女性がいるもん。

一般的な価値観があれば、あなたともあなたの彼氏とも付き合いたいという人はいません。だからこそ、あなたとあなたの彼氏の相性はぴったりだとおもうんです。これは皮肉でもバカにしているわけでもなくて、結婚を前提に彼と付き合い続けるのが、いまのあなたにとってのしあわせなんじゃないですか。

いまの状況でも別れないなら、これから先にどんな困難があっても、別れずに乗り越えられますよ。結婚式で自信をもって「誓います」って宣誓しましょう、神父さんもニッコリです、きっと妹さんはそこにいないけど。アーメン。

彼と永遠につづく別れ話をしていれば、永遠に彼と別れなくてすむわけですし。精神的にズタボロかもしれないけど、悲劇のヒロインになってベロベロに酔えるわけです。悲劇のヒロインが結婚できるのは白馬の王子さまではなくて、じつはただの悪党なんです。

王子さまはわざわざ悲劇のヒロインを助けるために、お尻を痛めて白馬にまたがりません。白馬の王子さまと悲劇のヒロインは相性はあんまり良くないんです。

自分の性欲だけであなたと妹さんの関係性を壊すこともいとわない悪党と、スキー旅行でセックスしてすべて忘れる悲劇のヒロインです。あなたにとってはすでに相性バッチリのいい人と付き合っているんです、それでいいじゃないですか。

誰に何をいわれても、あなたは彼とは別れません。別れない最大の原因は、あなたの人生になにもないからです。なにもないあなたの人生に、ただの悪党が色をつけてくれたんです。

彼氏の存在が唯一のアイデンティティだから、あなたも握りしめて離せないわけです。

針も毒もあるような存在を、苦しくても痛くても握りしめちゃうの。

無理に彼と別れる必要はないんだけど、これからの人生を考えたらアイデンティティはいくつかもっていたほうがいいとおもうんです。学業でも趣味でも仕事でも交友関係でもなんでもいいけど、彼氏以外のアイデンティティを持ちましょう。今日この日からアイデンティティを育てはじめましょう。

彼氏というアイデンティティを失ったときに、今日から育てたアイデンティティがあなたを救います。アイデンティティってね、人生の柱なんだよ。柱はおおいほどいいよ。あなたを救ってくれる人って白馬の王子さまでも、キリストでもなくあなただけです。

もしもこのまま彼と結婚して子どもができたら、あなたのアイデンティティって今度は子どもになっちゃうのよ。子どもが人生のすべてになってしまうと、今度は子どものことを握りしめちゃって一歩間違えちゃうと毒親になりかねないの。だから将来のためにもアイデンティティを育てましょう。

ぼくは東京うまれ東京育ち、東京っぽい人はだいたい友達なんだけど、東京という街は栄養がとてもある街なんです。きれいな花を大きく咲かせる人もいるんだけど、毒草だって栄養を吸収して、より強い毒になります。自分が何者なのかバレてしまう街なんです。

東京にくる前の自分を思い出しましょう、東京にくる前のあなたがいまのあなたをみてどうおもいますか？　東京にきてまでなりたかった自分になれてますか？　あなたを変えてくれるのも、あなたしかいません。

答えはみつからないし、なんて伝えればいいかわからないけど

Q

高校生から29歳まで祖母から暴力を受けていました。年寄りの力ってすごいですね。とても老人から受けたものと思えない怪我をたくさんしました。私は離婚して出戻ったシングルマザーの娘だったので、母の実家が自分の実家です。逃げるところはありませんでした。逃げようとしましたが、結局母が泣きながら家に残っておばあちゃんを守るとか抜かすので、ずっと諦《あきら》めていました。母は好きだったので、その時は1人にしたくないと思っていました。

28歳の時に母が脳腫瘍《のうしゅよう》で倒れました。1人で面倒を見ました。母が回復してしばらくして、私は実家を離れました。母が身の回りの事はできるようになっていたのと、祖母は母に暴力を振るわないのでまあいいかと思いました。耐えられなかったんです。母の事は好きですが、私が側にいると何でも私にやらせるところは嫌いでした。祖母と共依存していることも。

29歳の時に祖母が肺がんにかかりました。大嫌いだったけれど手伝いくらいはしました。

祖母はすぐ死んでくれましたが、葬式をしなくてはいけなかったので、母の弟である叔父《おじ》がでしゃばってきました。叔父は長男ですから喪主をしました。祖母の金も全て持って行きました。メインで面倒を見た母の苦労はなかったことにされ、たまにお見舞いにきただけの叔父は寄与分など無視してただ等分した金を母に渡しました。

30歳。結婚式に叔父を招待したところ、招待の時期が遅い・祖母の喪中なのにふざけているのか？　と断られました。叔父の娘も同年に結婚式を挙げています。

どうやら叔父は母が嫌いで、母の娘である私も同列に憎たらしいようです。

先日、叔父の娘が出産したと聞きました。

私は、その時、脳腫瘍が進行しうんこをこねるようになった母のパジャマを洗っていました。

私は祖母のサンドバッグになり、祖母が死んでも私が母の娘であるという理由で叔父にひたすらバカにされてきました。貧乏育ちで、学校を出るのに奨学金も沢山借りました。先日は私の知らない私名義の奨学金が新しく見つかりました。母が勝手にやったらしいです。

一方叔父の娘は金持ちの家に生まれ暴力も振るわれず悠々《ゆうゆう》と幸せに生きています。

私はブスですが叔父の娘は誰もが認める美人です。正直殺してやりたい。本来叔父を攻撃すべきですが、私は叔父に苦しんで欲しい。

私のお腹にも子供がいます。こんなに憎しみを抱えた母から、心の優しい子供が生まれ育ってくれるものかと悩んでいます。

子供は親と別の人間ですから、どう育ってくれても構いません。

私は暴力も振るいませんし金銭的にも不足なく育てる用意がありますが、それでも結果的に私同様に人を憎むようになるならそれでも仕方ないと思っています。でも、子供がどうしようもない環境にいる間は、私のストレスを浴びずに育って欲しいんです。

なので、どうしたら人を憎まずにいられるか、そういう頭にするために踏むステップを教えていただきたいです。

知らない人からしたら私が狂っていて、全て人のせいにしているのかもしれません。

私は人から見たら全然頑張っていなくて、辛い思いもしていなくて、かわいそうな私を演じたつもりで自己憐憫《れんびん》に浸る人にしか見えないのかもしれない。

ただ、出産の連絡を受けてから私は生まれて初めてモノに当たりました。バスタブをガンガン蹴りました。モノに当たると言ってもそんな程度ですが、一度始めたら最終的に無意識に人に暴力を振るいそうで恐ろしいです。

こんな祖母みたいな暴力的なことは絶対にしたくなかった。何かが壊れたような気がします。（ストロング鬼殺し 31歳 女性）

A

いつも「なんでぼくに聞くんだろう?」って心からおもうんですけど、ここ1年半ぐらいで4000件ぐらいの悩み相談が届きました、たぶんおおいのだとおもいます。

恋愛のことや家族のこと、病人や医師や看護師からだったり、指名手配されているという人などからも相談がきたことがあります。ぼくの本業は写真家なんですが、写真の相談ってほぼきません、びっくりです。

人生相談に人生のすべてを費やしてしまうと、人生がつまらなそうだし、ぼく自身も悩んでしまいそうだから1週間のうち2~4時間程度しか人生相談に時間を費やしていません。

人生相談以外の時間は写真を撮ったり文章を書いたり、病院で治療をしたり、子どもと遊んだり、一人で旅行にいったり、料理をしたり掃除をしたり、美味しいものを食べたり、すぐ疲れるのでよく寝ています。

意図的に、人生相談のことを日常の中では考えないようにしていますが、たくさんの相談に目を通していると、手羽先の骨がノドに刺さるような相談があります。

今回の相談はまさにそんな手羽先で、ここ数日はふとしたときに考え込んでいました。どんなに考えても答えは浮かばず、なんて伝えればいいのかもわからず、寒くなった空気で可視化された白いため息をみつめながら書き始めます。


まずは結婚と妊娠おめでとうございます。あなたは金銭的にとても苦労されたみたいだけど、お子さんにたいしては金銭的に不足なく育てる用意があって、あなた名義の奨学金が出てきても動じていないところをみると、いま現在は金銭的に余裕があってのことなんでしょう。

努力したところで抜け出せる問題でもないのですが、きっとあなたが人並み以上にがんばった結果なのだとおもいます。

もしかしたら旦那さんの収入なのかもしれないけど、旦那さんがあなたを好きになったわけですからね。どちらにしてもすごいことじゃないですか、何をいえばいいか悩んでいたけどこれをいちばん最初に伝えようとおもいました。

あなたは理不尽のなかで生きてきて、あなたは何も悪くないということも伝えたいです。本来であれば経験しなくてもいい苦労を強制的に受けてしまったんです。あなたに非はありません、あなたの周囲にいた大人が悪いんです。

その上ではっきりと伝えないといけないのですが、結婚して出産したいとこにたいして殺意を抱くことは大間違いです。ただの逆恨《さかうら》みです、とても醜《みにく》いものです。あなたのいとこはあなたと同じようにまったく非がありません。

ぼくがあなたのいとこの旦那さんだったら、オメーが死ねよっておもうでしょう。ぼくは自分の子どもの人生が大切です、子どもの人生に大切なのは母親です。子どもを守るということは妻を守るということでもあります。

あなたの殺意がどこまで本気かわかりませんが、自分の妻が殺されるぐらいならさまざまな方法で先手をうちます。家族を守るというのは、そういうことです。

ここから先はちょっと……どころじゃなく、とても伝えづらいことです。

あなたが祖母から暴力を受けているとき、お母さんはあなたを守ってくれましたか？

もしもぼくの息子が祖母であるぼくの母から暴力をふるわれていたら、殴り返すか身をていして守ります。あなたを逃すことも、守ってくれることもなくお母さんは祖母を守りましたよね。

孫娘の性格に影響を与えるほどの暴力をふるった祖母です。あなたがうまれる前の暴力のターゲットはあなたのお母さんと叔父ですよ。年齢も若いわけですから、おそらく激しいものだったでしょう。

祖母はお母さんに暴力はふるわなかったそうですけど、それはあなたに矛先《ほこさき》が向かっていたからです。それでお母さんは安心していたり祖母からの愛情を感じていたのではないですか。DV夫が子どもを虐待しても妻が止めない、止めないどころかDV夫の共犯になってしまう構図と似ています。

あなたのお母さんは、祖母の共犯です、これはあなたも感じていることですよね。以前は好きだったかもしれないけど、あなたはもうお母さんのこと嫌いでしょ。

叔父があなたのお母さんを嫌っている理由も、もしかしたらこれじゃないですか。お母さんと叔父で平等に虐待を受けていたのではなく、虐待に差をつけられていたんでしょう。もちろんだからといって、叔父があなたまで嫌う理由にはならないのだけど。

搾取子《さくしゅし》と愛玩子《あいがんし》という言葉があります。虐待をする親がきょうだい間で一方にはムチを与えて、もう一方にはアメを与えるというものです。

日常的にあるユルいところでいえば「お兄ちゃんなんだから、お姉ちゃんなんだから」

といって上の子にガマンさせることです。キツいところになるとジャイアンのお母さんです。妹のジャイ子にはマンガを描かせたりと自由に好きなことをさせて、兄のジャイアンには暴力でやりたくない店番をさせます。そりゃジャイアンは憂《う》さ晴らしにのび太をボコボコにします。

ムチをうけた搾取子の矛先は、アメをうけた愛玩子に向かいやすく、愛玩子は虐待する親を守りやすくなります。つまり親は安全に虐待がしやすくなるんです。

いまの日本の社会だって、いわゆる勝ち組と負け組という構図がありますけど、負け組は勝ち組に矛を向けて支配層には無関心、勝ち組は支配層を守るわけです。これは話がちょっとそれるけど、虐待家庭のきょうだいと似ているなってぼくはおもいますよ。

ちなみに、あなたといとこの関係だっておなじですよ。あなたが搾取子でいとこが愛玩子。本来なら叔父に……といいつついとこに殺意抱いてるでしょ。んで、さらっというけど叔父にたいして殺意抱くのも間違いだからね。

話を戻しますけど、なんであなたにこれがとても伝えづらいかというと、すでにお母さんの介護をしているからなんです。虐待の連鎖って言葉がありますけど、あれってなにも親から子どもへの育児虐待だけではないんです、親に復讐をしてしまう介護虐待だってあるんです。

あなたみたいに自分のされたことに疑問を感じて、被害を認識できている人は子どもを守るんですよ。理不尽な暴力を受けても誰かに恨みを抱いても、自分の子どもには心が優しい子に育ってほしいって願ってるわけじゃないですか。

ただ、自分の子どもを守れば守るほど、苦しくなるんです。なんで子どもだった自分は誰からも守ってもらえなかったんだろうって。なんで子どもに暴力をふるったんだろうって。

ぼくは子どものころに親や周囲の大人から愛情をうけたという認識はほとんどなくて、それを反面教師にして子育てをしています。なんでぼくの親はいまのぼくができたことができなかったのだろうと、ふと考え込んでしまいます。

子どものころのぼくを、大人になったいまのぼくが育ててあげたい。そんな意味のないことを考えたあとに、いつもため息がでます。

子育てにおいての虐待の連鎖を止めることができても、介護においての虐待の連鎖を止めるのはとても苦しいことだとおもいます。そして一度でも暴力をふるってしまえば、一気に崩れてしまうのだとおもいます、バスタブにあたっただけで何かが壊れるような感覚になったわけじゃないですか。

だからもしも暴力をふるってしまいそうなら、介護をやめるというのが大切です。扶養《ふよう》の義務はあっても介護の義務はありません。扶養だってない袖はふれないわけです。孤独死をしている老人ってたくさんいます。社会問題になっていて被害者のように扱われていますが、そこに過去の虐待や毒親問題が潜んでいることも多いとおもっています。

あなたが守るべきは、これからうまれてくる子どもです。うまれてくる子どもにとってもあなたは大切です。あなたは大切な存在なんだから、旦那さんからも自分からも守られないといけないの。

これからとても大変だとおもいます、耐えたりがんばるということ以外答えが見つからないんですよ。耐えたりがんばる以外に方法があるならぼくも教えてほしいです。でも、お互いいつか答えが見つかるかも、だからそれまで一緒にがんばりましょう。

勝ち負けで考えることの問題点

Q

はじめまして　私は生まれつき歩けない障害者です

私は全く歩くことはできませんし、体力も健常者と比べると少なめですが、仕事をして、アイドル追っかけて、たまに彼氏とデートして、趣味で絵を描いたりアニメ見たりといった健常者に近い障害者です

幼稚園から高校を出るまで健常者と過ごし、養護学校みたいな所へは通ったことはありません　今の職場も多目的トイレの設置やどうしても無理なことへの配慮（お茶出しの免除とか）　はあるもののＰＣ作業などは健常者と同じなので同じクオリティを求められます

なので私の比較対象は常に健常者であり、健康な20代の男女が対象となります

比べられることは苦痛ではありません

選べたのにわざと健常者の社会に身をおいて頑張りたいと思ったのでそこへ後悔はありません

ですが、やはり障害者

例えば仕事でも残業すると夜は何もできなくなる アイドルのライブに行くと次の日はヘロヘロ 趣味の絵だって日々書かなきゃ上手くならないけど仕事のあと家に帰ってご飯してお風呂入ったらもうギブアップ

健常者に勝てないんです

私って頑張れてないなぁってなります

そりゃそうでしょと冷静に考えれば勝ち目は無いというのは分かるのですが、それでも比べたときに勝ちたいな、上達したいなという思いは強くあります

過去の数年前の自分と比べるとコツがわかったり、年月かけた分上達してる部分はたくさんあります

上手く付き合っていく方法などありましたらご教授願えればと思います（ゆゆ 20代前半 女性）

A

「しあわせな悩み」ってあるなってよくおもいます。しあわせな悩みというのは例えば、お風呂上がりに食べるアイスをハーゲンダッツにするかピノにするかというようなことです。悩みの答えがどっちに転んでもしあわせな、ポジティブな悩みです。

そうじゃない悩みというのは、アイスを食べたいけど、食べる時間がありません、お金もありませんというようなもので、すこし大変で、すこし苦しい悩みです。

あなたが真剣に悩んでいるのは伝わりましたけど、ぼくはしあわせな悩みだと感じました。仕事をして趣味もたくさんあって彼氏とデートして、素晴らしいじゃないですか。きっと表情の明るい素敵な女性なんだとおもいます。

障がい者枠で雇用されて働いているかたといままでに何人かお会いしましたが、わりとみなさん不遇な状況にいました。企業も雇用はしたけど能力を活かす方法がわからず、仕事が量的にも質的にも与えてもらえないという経験をしている人がおおく、給料はもらえるけど、会社の中で自分だけすることがないという状況です。

仕事をしないでお金もらえるならいいじゃん、って読者のかたはおもうかもしれないけど、役に立たないというのはとても苦痛なんですよね。はじめてのバイト先や仕事先で仕事に不慣れなころって、みんなの足を引っ張ってるような感じで、居心地がよくないじゃないですか。

配慮はありつつも、健常者とおなじように仕事がある職場の環境はとてもいいとおもうし、なによりもしっかりと仕事をこなしているあなたがすごいですよ。職場の環境とあなたの能力と人柄の賜物《たまもの》なんだけど、あなたのことをうらやましいと感じる障がい者の人はきっとたくさんいます。

ぼくは、いまは杖《つえ》も使わずに歩くことができますが、病人になりたてホヤホヤのころは、下半身が動かなくなり車椅子で生活していました。じわじわと体が動かなくなるということ、できたことができなくなるという恐怖をペロッと舐めてみると、死にそうになります。ちょうど2年前のいまごろです。

そのときの恐怖心はとてもおおきいものだったので、朝晩の寒い空気を吸いこむと、いまでもすこし体が震えます、たぶん寒いからだけど。

あなたは先天的に歩くことができないわけですけど、「できたことができなくなる」とは種類の違う苦しさを経験されたでしょう。でもあなたはそういう苦労話や愚痴みたいなこともわざわざいわないタイプですよね。前しか向いていないからです。

あなたは歩けないことがあたりまえだし、そのあたりまえで生活をしているだけなんだけど、「強い人」って周囲からいわれていませんか？　いわれるたびにちょっと居心地のわるさや違和感を覚えたりしてませんか。前を向いている人って強い人って受け取られがちですよね。

でも、あなたのことを強い人にしておかないと、苦しむ人もいるとおもうんです。あなたは障がいはあるけど、充実したたのしい人生を送っているように感じます。趣味にも仕事にも恋愛にも恵まれていない人からすると眩《まぶ》しいでしょうね、自分の弱さが照らされちゃうし。

ぼくは勝ち負けで考えるのが嫌いなんだけど、勝ち負けの基準だけでいえば、障がい者や健常者に関係なく、あなたはすでにけっこう勝ってますよ。人類全体のけっこうな上位ランカーだとおもいます。

ぼくも20代後半ぐらいまでは勝ち負けにずいぶんとこだわって生きていました。写真家の世界ってけっこう勝ち負けの世界なんです。たくさん勉強して、いろんなことを吸収して、吸収したことを自分のなかで咀嚼《そしゃく》して、答えを考えて、適切な努力と失敗をすることで経験に繋《つな》がり、実際に強くなってどんどん勝つことができました。

仕事としての撮影も、作家としての作品もどんどん上達して、勝ち負け基準だけでいえばそれなりに勝てるようになれました。若いころって、技術も経験もないから弱くて、負けるのがあたりまえだからこそ勝ちたいっておもうけど、強くなって勝てるようになってくると、今度は負けたくないっておもうようになっちゃうんですよね。

ある日、勝ち負けの世界ってすごく疲れるということに気づいたんです。仕事の世界でも作家の世界でも、負けたくない人って若い人をつぶそうとするし、なんか嫌になっちゃったんですよ。それよりも若い人を助けられるような、育てるような人になりたいなっておもいました。

そして病気になってわかったことは、あなたのいう通り、やっぱり健康な人には勝てないんですよ。健常者が基準の世界で戦ってしまえば、身体的な能力が下がるので健常者にはまず勝てません。勝ち負けにこだわらない生き方で良かったと病気になったときにいちばん感じました。もしも勝ち負けで写真をやっていたら、きっともう写真を撮っていないんじゃないかな。

でも、ぼくの勝てない健常者って、あくまで健康なころの自分のことなんですよ。身体的なハンデがすこしあっても、積み重ねた技術と経験があれば、経験の浅い若い人や、思考の浅いおじさんには負けません。でも健康な自分にはなかなか勝てないんです。

あなたも比較対象が健常者っておっしゃいますけど、心のどこかでもしも自分が健常者だったら……と考えたりしていませんか?

それは一種の向上心なのかもしれないけど、20代前半のいまがいちばん若くて体力もあるわけです。これから加齢とともに体力は低下して、それにこれから別の病気になることだってあります。つまりこれからどんどん疲れちゃうんですよ。

それなのに健常者と体力面で勝負しようとすれば、負け続けます。あなたもいまは若いけど、あなたが年齢を重ねると今度は若い子と勝負することになります。その若い子もいまのあなたと同様にヘロヘロになるまでがんばっちゃうわけです。きっとあなたの同僚だってそれなりにヘロヘロになるまでがんばってますよ。

仕事においては質で勝負したほうがいいでしょうね、でも質を高めるには適切な努力と経験が必要です。すこし時間がかかることですけど、これはいまあなたがすでにやってることですよ。仕事をがんばって趣味をたのしんで彼氏とデートする、ヘロヘロになるまで人生をたのしむということだとおもいます。

「過去の数年前の自分と比べるとコツがわかったり、年月かけた分上達してる部分はたくさんあります」、素晴らしいじゃないですか、そのままでいいんですって。ただあなたの同僚だっておなじように成長します。それが切磋《せつさ》琢磨《たくま》ということだとおもうんですけど、やっぱりいい環境にいるとおもいますよ。

いまのままやり続けてれば、無駄なことにもどんどん気がつきます。質を高めるというのは、そういった無駄を削《そ》ぎ落とすことです。削ぎ落として空いた時間であたらしいこともはじめられるし、いまやってることに充《あ》てることもできます。そして総合的な質がどんどん高まります。

無駄が削げ落ちるとひとまわり小さくなったようにも感じるけど、粗《あら》だったりトゲが抜けるようなものです。きっと角が削れて丸くなるってそういうことなんでしょうね。

量を減らして質を高めたハーゲンダッツみたいなものだからね。あなたの場合はたくさんのたのしいことがあるんだから、ピノみたいにちいさいけど美味しいアイスがいくつもあるのもいいんじゃないですか。

どっちに転んでもしあわせが待ってるとおもいますよ。

どんどんしあわせになって、人をしあわせにしてください。

二十歳で童貞のあなたへ

Q

ぼくは二十歳《はたち》で童貞です。
来年の1月に成人式があります。
あんまり楽しみじゃないです。でも一生に一度の式なので楽しみたいです。
どうすれば良いと思いますか？（匿名 20歳 男性）

A

成人おめでとうございます。20歳って若いね。これから出会うおじさんたちにこのさき10年ぐらいは「若いなぁー」っていわれるとおもいます。ぼくはこういう発言を「いきなり加齢臭」ってよんでいます。

ぼくは30歳を過ぎたあたりから、ようやく若いっていわれなくなってきたけど、最近では「若いね」ってついつい口走ってしまう側になりました、大人の階段をのぼったのだとおもいます。

いきなり加齢臭はあなたのことをただ若いっておもっているわけじゃなくて、自分が20

歳のころに何をしていたかを思い出して、若かったなぁって回想をしているんです。そして20歳だったころの自分と、いま20歳のあなたとを比べてしまっているんです。いきなり加齢臭の正体って、じつは過去の自分と他者との比較なんですよ。

20歳という若さはなんでもできる可能性のある年齢だから、「なんでもできるね」ってこともつい無責任にいってしまうのだけど、でもそれはいきなり加齢臭のおじさんが、記憶と知識と経験を持ったまま20歳の自分にタイムスリップできればの話なんだ。

そんなことができれば無駄な道を歩まずに効率的になんでもできるし、誰だって3年前にタイムスリップできたら仮想通貨で億万長者になれるんだよね。人生1周目の人よりも人生2周目の人のほうがどう考えても有利だ。

20歳というのはたしかになんでもできるんだけど、お金も知識も経験もなければどうすればいいかわからない。若さというのは素晴らしい要素なんだけど、若さだけでは足りないんだ。おじさんだってタイムスリップはできないし、人生に2周目があるのかわからない。

だから、いきなり加齢臭の人たちが積み重ねた経験と知識に、あなたの若さが上手く上乗せされれば、あなたの可能性がぐっと上がるとぼくはおもうんだ。

ちょっと加齢臭のする面倒でお節介なアドバイスなんだけど、嫌な顔をしながら読んでほしい。

あなたの悩みは童貞であることと、成人式への出席ということなんだけど、それはみかんの皮みたいなもので、悩みの本質は他者との比較なんだ。童貞である自分とそうでない同級生とを比べてしまい、成人式に行きたくないという気持ちにさせてしまっている。

学校教育での評価や、勝ち組負け組みたいな社会で、他者との比較というのはついしてしまうかもしれないけど、わざわざそれで悩む必要はない。

ぼくは27歳のときの1年間、下積みをしていて年収が１２０万円だった。その時期に技術を身につけたんだけど、今思うと、上手くいけばお金を稼ぐことができるかなっていう、投資やギャンブルのようなものだったのかもしれない。まぁ、どこの業界にも似たようなことはあるとおもうけど、なかなかつらい時期でもあった。

人生でいちばんお金がなかった時期に同窓会があったんだけど、実績もお金も評価も何もない自分と、悩みがなく働いているようにみえる同級生を比較してしまい、うらやましくおもったり、自分が情けなく感じたものだった。同級生にだって悩みはあるはずなんだけど、苦しいときというのは、視野が狭くなり、自分のことしか見えないものなんだ。

あなたは視野が狭くなっているから、他人の童貞ぐあいや他人からの目が気になるのだとおもう。あいつは童貞なのかそうじゃないのかって、自分の童貞は隠しつつも童貞レーダーで誰かを測っている。あなたはステルス童貞機で空中戦をしているようなものなんだ。あなたの童貞はわざわざ明かさなければ悟られないはずなんだ。がしかし、あなたは童貞臭がムンムンにただよっている。においに敏感な人はあなたが童貞であるとすぐに気づくとおもう。

自己紹介でいちばん最初に童貞であることを伝えてきたのは、ぼくが出会った人のなかではじめてだ。先にもこれから短い後にも、もういないと思う。

「ぼくは二十歳で童貞です」ではなく、できれば「ぼくは二十歳で学生です」とか「ぼくは二十歳で働いています」とかのほうがいいだろう。「ぼくは二十歳で大学で経済を勉強しています」とか「ぼくは二十歳で豚骨ラーメン屋さんでバイトしています」とか詳細がわかるほうが、より素敵だ。

童貞はあなたを表す肩書きではない、童貞にとらわれすぎて冷静さを失っている。童貞以外で自分を表現できるようにしよう。

そしてなによりも問題なのが、判断力がないことだ。成人式に行くか行かないかを、ぼくが決めて本当にいいの？　ぼくからすれば、あなたが成人式に行こうが行くまいが、どちらでもいいんだ。もう本当に最高にどちらでもいいんだ。

人生というのは選択の連続なんだ、仕事にしても人間関係にしても、毎日食べる食事にしても、病気になったとしても、たくさんの選択をしなければいけない。成人式に行くか行かないかすらを自分で決められないなら、今後の人生で重要な選択ができないんだ。きっとそれは、いままで自分で選択せずに、誰かに選択してもらっていたからじゃないか。親に決められてきたのか、友人か誰かの真似をしていたか、どちらにしても、いままであなたが選択すべきだった機会を奪われていたか、逃げていたかのどちらかだ。

選択を人に委《ゆだ》ねてしまうのは、失敗をしたくないということなんだとおもう。失敗しても人のせいにできるし、選択するという作業からも解放される。選択を人に委ねて決めてもらうというのは簡単でラクなんだ。考えるということをしなくてすむからね、でもこれは思考停止というんだ。

思考停止しつづければ、誰かのいいなりの人生が待っている。誰かのいいなりの人生も正しいリーダーのもとにいれば救いがある。正しい指示に素直に従い実行できるというのは、それはそれでパズルのピースがハマるような一つの生きかただ。

ただ、間違ったリーダーの間違った指示に従った場合はどうだろう？　きっと大変なことになる。選択を人に委ねるのであれば、相手の人間性を見極める力をこれから身につけなければいけない、あなたの人生を守るためだ。真面目なのは素敵なことだけど、間違った指示に従うような真面目さは持たなくていい。

人生のなかでも選択が一気に増えるのが恋愛だとぼくはおもう、ＬＩＮＥの文面一つでドキドキして悩むものだ。どこの街に行くか、どこのお店に行くか、なにを注文するのか、いつどこのタイミングでキスをするのか、そういうたくさんの選択があるんだ。

恋愛は選択の連続だ、そして女性はその選択がスマートで上手な人に魅力を感じる。でも最初はマゴマゴしてできない、失敗もたくさんする。その失敗が経験になって次の成功に繋がるんだ。それでいいんだ、最初から恋愛が上手い人なんていない。

20歳の童貞で判断力がないというのは、かわいいものなんだ。そんなあなたに魅力を感じてあなたと付き合いたいという女性もたくさんいる。でもそれは若いから許されるようなものだ。

加齢臭をただよわせる年齢になって童貞臭までただよわせてしまうと、また話は違う。これに魅力を感じる女性は稀《まれ》だろう。だからこれから10年でいろんな失敗を経験して選択ができるようになってほしい。

童貞の悩みや成人式の悩みが解消されれば、次の年齢相応の悩みがスタンバイしている。

それが大人の階段をのぼるということだとおもう。スネをぶつけながらのぼる時期だってある。20歳になったから大人ではない、それは肉体的に成人になったというだけだ。精神的な成熟はやっぱり30歳以降じゃないだろうか、だから20代でなにをするかが大切だ。

また無責任なことをいってしまうけど、あなたはなんにでもなれる。でもそれは30歳になったときにどうなりたいか考えて駒《こま》を進めた場合だ。でも駒はスムーズには進まないしタイムスリップもできない。

それが人生だとおもう。そんなスムーズにいかない人生をつまらないとおもうか、素晴らしいとおもえるかの違いは、失敗を肯定するか否定するかの違いだ。失敗を肯定するだけで、人生は豊かになって素晴らしいものになる。

成人式の出席は自分で決めてくれ、失敗したとおもったら途中で帰ればいい。選択のスタートラインに立ったばかりだ、まずは成人式のことから選択しよう。

配偶者も間違えたら選びなおせばいい

Q

私は生後8ヶ月の娘を育てるシングルマザーです。

婚約をして1ヶ月後に妊娠、その2ヶ月後に入籍、その1ヶ月後に元主人が首吊り自殺未遂をして閉鎖病棟へ入院、その3週間後に弁護士を通して離婚成立、そしてシングルで出産という流れで今に至ります。

元主人とは高校時代に交際をしており、15年後に復縁したという経緯でした。

その15年の間元主人は精神的に落ち込むと、お酒や、恋人、友人、その他ここには記せない事にドップリ依存しては急にケロっとして復活するというパターンで、精神科にも通院していました。

私は婚約に浮かれて、そんな彼の過去を見て見ぬふりをして、本人がもう通院は不要で完治したと言っていたのを鵜《う》呑《の》みにしていました。

一方私は、妊娠、出産、我が子に会いたい、と言うことが人生の目標になっていました。

元主人はひとり親家庭で複雑な環境の幼少期を経て育ったということもあり、自分が父親になるということがどうしても想像できずに一人悩んでいたようでした。

　私はその頃妊娠悪阻《おそ》で入院し、流産しそうでホルモン剤を投与しながらの状況で頭の中は赤ちゃんを守ることで１００％の状況になっていました。神経質にもなっていました。

　義母からは、悪阻《つわり》なんか平気なはず、ほとんど安定期なんだから家事したり義母に会いに来い（出血してて安静指示を受けていて仕事も休んでいました）、という感じで険悪な状況でした。

　私がこのままでは精神的にも肉体的にも、赤ちゃんにも悪いと思い、実家に当分帰らせてほしいと告げました。

　そして元主人は首吊りを図りました。

　搬送された病院で彼は『もうちょっとで死ねたのになぁ？　この首の跡一生残るよね』と義母に笑って話していたのを見て、私は、彼は病気なんだから受け入れないとと思う反面、私と赤ちゃんを置いていこうとしたという事への大きな大きな怒りに飲み込まれていました。

　元主人と向き合ったとき、私は怒りで震え声が出ず、お互いに精神的にとても不安定ということでドクター指示で私たちは面会禁止となりました。

元主人は私と復縁する半年ほど前から通院と服薬を自己判断で止《や》めていたことが原因だったそうです。

私が元主人と復縁して交際してた間は彼はいわゆる躁《そう》状態だったそうです。

そんな事情を私は受け入れられず、単純に元主人を許せないという感情と、お腹の子を一人でも絶対に守り抜かねばという使命感に飲み込まれ、弁護士を通して一方的に入院中の彼と養育費無しで協議離婚しました。

元主人とは一切話もせず、弁護士を通しての書面のみでかなり一方的だったと思います。

元主人は兄弟も親戚もおらず、唯一の義母は再婚して別の姓になっているので頼れる人がいません。きっとこれからも精神的に不安定で自殺未遂をくり返したり、お酒や、言えない事に溺れたり、下手したら警察にお世話になったり、借金を抱える可能性も大きいだろうという私の勝手な妄想で、お腹の子と元主人を人生で接点のないように育てていかないと辛い思いをしながら育っていくと判断しました。

元主人とはその後一切連絡をとっていません。

私が着信拒否などしている為です。

娘が産まれたことも報告していません。

かなり前置きが長くなりましたがここで相談です。

今後成長して娘に父親の存在を問われ、会ってみたいと言われても私はリスクを考えると会わせるつもりは無いです。

元主人から会いたいと言われても一切承諾しようとは思いません。

その固い決意の裏で、自分はなんて薄情で残酷な人間なのだろうと思います。元主人が夢に出てきては私が許しを乞うというのを何度も見ています。

ただそれだけのことなのですが……

幡野さんは私のこの状況をどう感じますか？

私はこの自分の感情や思考を誰にも打ち明けたことがないので、思い切って幡野さんに打ち明けてみました。

相談でもなんでもなく申し訳ありません。（匿名希望 女性）

A

「きっとこれからも精神的に不安定で自殺未遂をくり返したり、お酒や、言えない事に溺れたり、下手したら警察にお世話になったり、借金を抱える可能性も大きい……」まで読んで、あぁぁ……ズルズルしちゃうパターンか、とおもいましたが、そのあとにつづいた「子と元主人を人生で接点のないように育てていかないと辛い思いをしながら育っていくと判断しました」という決意を応援をしたいとおもいました。

あえてはっきり書いてしまいますが、元旦那さんは躁うつ病ですね。配慮してボカしているようで、でもどこか気づいてほしいのか、この病気をすこしでも知っているかたはすぐに気づくのではないでしょうか。

躁うつ病を知らない人は誤解してほしくないのですが、患者さんすべてが元旦那さんのような状態ではありません。できれば躁うつ病のことをグググッと調べて勉強をしてみてください。

妊娠のつわりとおなじで、ケロッとしてる人もいれば、入院するほどの人もいます。すべての事柄にいえますが人それぞれで、とても複雑な病気です。躁うつ病は、状態の波がはげしく、落ち着いている人もいれば、元旦那さんのような人もいます。

そもそも、これはとても勇気のいる正直な相談だとおもうんです、人から嫌われやすい相談です。家族が苦しんででも、支援や介護するべきことは清く正しく美しい、という考えから、場合によっては家族を見捨てたと受け取られるわけです。

みんな自分がやらない理想を、誰かに求めているんですよ、美しいものを見たいから。

綺麗事をいう善人になれてコストすらも払わないのだから、最高にスッキリするインスタント善人だよね。支援をしても離れても、家族は苦しみます。苦しませるのは周囲の人の目だったりします、だからこそあなたも誰にも打ち明けられないんだよね。

配偶者は自分で選べる家族ですから、選択を間違えたら選びなおしましょう。


そして、あなたの相談文はとても配慮をしているなと感じました。それはおなじ病気で苦しんでいるかたや周辺の家族にたいしてだったり、元旦那さんが警察に捕まらないようにだったり、相談内容もそれなりにボカしているんじゃないでしょうか。

躁状態のときに元旦那さんが家庭のお金を使い込んでいたり、仕事も辞めてしまっている可能性もあり「他ここには記せない事にドップリ依存」というのは違法薬物か違法賭博じゃないでしょうか。とにかく警察案件のことなんだとおもいます。

ぼく個人の感想としては、自殺する人のことを反対したくないというのがあります。

相手に本当に死んでほしくないなら「死んじゃダメだ」という言葉はかけないほうがいいです、これは自殺する人への最後の一押しになります。なぜなら自殺したいという最後の本音の否定になるからです。死んでほしくないなら「死んでもいいんだよ」と肯定をしてから会話をするのがいいでしょう。

そして、自殺を覚悟した人は、自殺未遂後の生活のリスクを考えてほしいです。場合によっては、自殺すらできなくなる生活が待っています。自殺というのは救いでもありますが、場合によってはいま以上の生き地獄が待っていることもあります。

それでもぼくはあなたのことを残忍だなんて、まったくおもいません。無理なものは無理です、元旦那さんの状態と、あなたの許容量があるわけです。つまりは相性です、病人だろうがなんだろうが関係ありません。弁護士を通して離婚を成立させたことがいちばん正解だとおもいます。

くり返しになりますが、あなたがいまいちばん守りたいのはお子さんのことです。もしかしたら、お子さんがいなかったら離婚をしていないのかもしれません。元旦那さんを支えていたのかもしれません。

守るべき存在が変わったんです。もちろん子どもがいて、旦那さんの看病をしているかたもたくさんいます。でもあなたが無理なんだから、無理でいいんですよ。

ただ、躁うつ病は波があるので、状態が落ち着く時期もあります。あなたが好きだった結婚を決めたときの旦那さんにまた戻るわけです。

そのときに連絡をとってくる可能性もありますよね、というかあなたが心配しているのはそこでしょう。現代では電話番号だけ着信拒否しても連絡する手段はあります。メール、

SNS、共通の友人や、現住所や実家への連絡など、さらにはお子さんがお父さんに会いたがるという可能性だって充分すぎるほどあります。そのときに、あなたは自分の決断に苦しむわけです。

脅すわけじゃないけど、もっと怖いのは元旦那さんがうつ状態が抜けて、躁状態になったときです。躁状態の人が本気になればあなたの目の前に現れます。でも、忘れないでください、家族を壊したのはあなたが原因じゃない。

あなたがお子さんを育てていると信じて、あなたの心をしっかりと保って。

お義母《かあ》さんはなかなかのクセ者っぽくて『渡る世間は鬼ばかり』のキャラクターにいそうなぐらいの人ですけど、元旦那さんとの相性はいいのかなぁとおもいました。元旦那さんが笑いながら自殺未遂後に首の傷跡で会話できるなら、相性は悪くはないでしょう。

お子さんと元旦那さんを近づけたくないなら、あなたがお義母さんに嫌われておくことはメリットがあります。弁護士を通して一方的に離婚したことが効いてきますよ。プライドが高そうなお義母さんですから、あんな冷たい女に近づくなって元旦那さんにいってくれる可能性が高いです。元旦那さんのブレーキになります。

お子さんに元旦那さんのことをどう伝えるか、病気があって会える状態ではないと伝えるほかないでしょう。お子さんの状態をしっかりとみて、この相談のように病気のことも上手に伝えてください。

あなたがお子さんのことを大切に愛してあげれば、お子さんは自然とあなたのことを応援してくれます。インスタント善人にはならないでしょう。

とても大変なことですが、つらさはお子さんにぶつけないように。つらさをぶつけてしまうと、元旦那さんとお義母さんのような、あなたが抱いている違和感のある親子になりかねません。

一人で抱え込むのは良くないし、でも子どもに苦しさを吐きだすのも、いいことだとはぼくはおもいません、親の苦労話って子どもには解決できないし、聞くことしかできないから負担にしかならないんです。

もしもまた悩んだり苦しんだりしたら、信頼できる人にまた相談をしてください。いちばんいいのは精神科医や臨床心理士だとぼくはおもいます、味方になってくれます。

あなたみたいに覚悟があって、配慮もできる人は大丈夫ですよ。ぼくがあなたの立場なら離婚をするだろうし、元旦那さんの立場なら離婚を受け入れます。あなたはなにも間違っていないよ、応援しています。

Q 「子どもが生まれたからがむしゃらに働く」ってそれは逆でしょ

1年ほど付き合っている同い年の彼がいます。付き合う前から仕事大好き人間でした。

楽しそうに仕事の話をする姿はカッコよく、がむしゃらに頑張る姿に惹かれました。

上昇志向が強く、業界内で名を上げたい、難しいかもしれないけどできることなら独立したいと話していました。

付き合い始めはまだ比較的時間がありましたので、週に2、3回は会っていました。

しかし今年の8月にあるプロジェクトが始まり文字通り目が回るほどの忙しさが続いています。全国を飛び回り朝6時から深夜0時頃まで土日休み問わず働いています。

過労死するんじゃないかとヒヤヒヤします。

私と知り合う前ですが過労で倒れた経験があります。（本人から聞きました）

５年前に父を亡くし、大切な人を失う辛さは想像以上に心を蝕み、受け入れるのに時間がかかったので余計に心配してしまいます。２人の時間がどんどん少なくなっています。

以前は忙しい中でもある程度の見通しが立ったそうですが今回はいつまで続くか分からない、来年度もっと忙しくなるのか落ち着いているのか見当がつかないと。会えるのも数時間で最近は月に２、３回ほど。

寂しい気持ちは負担にならないように可愛く伝えてみたり程々に抑えて、頑張ってるね応援してるよ等、励ましています。忙しい中でも１日１通でもＬＩＮＥをくれたり休憩時間の５分で電話をくれたり少しでも時間を作ろうと努力してくれているのを感じます。

彼のことばかり考えていると寂しい気持ちに支配されて悲観的になってしまうので、会えない時間は友人や家族と過ごしたりしていますが彼と過ごす時間に勝るものはないのです。

完璧主義・理想主義で仕事も完璧にやりたいし私に寂しい思いや不満を感じさせたくないと言われました。先日初めて２回連続ドタキャンをされたときも「会いたかったなぁーでも仕事だし仕方ないよ。また隙間時間見つけて会おう」と明るく伝えましたが彼の中ではかなり罪の意識を感じたようです。
「仕事は完璧にしないといけない。失敗できないプレッシャーがすごい。〇〇（私）のことは好きだけどこのままでいいのか。明日の予定も急に変わるし〇日に会えるかもなどと無責任なことは言えない」

真面目な性格なのでいっぱいいっぱいなんだと思います。彼の言っていることも分かります。そして彼の仕事を理解し今後も付き合って行きたいのであれば、割り切ってそういうものだと受け入れて自分の時間を充実させる、寂しさに耐え切れないのであれば、仕事そこそこでもっと自分との時間を作ってくれる人と付き合えばいいのです。話は簡単ですが選べません。苦しいです。

結婚してしまえば……と考えることもありますが今仕事で頭がいっぱいの彼に結婚を考える余裕はないでしょう。そして私自身も今の状況でこんなに寂しいのに1人の時間が多い2人暮らしを始めても大丈夫なのか？　と思います。が、始めてしまえばなんとかなる！　と思うときもあります。

金銭的な課題もあります。同棲話をもちかけましたが彼は実家の家賃を折半しており且《か》つ生活費も入れています。同棲するとなると彼が親と話し合う必要があります。奨学金の返済もあります。また出張が多いため経費の立替が給与を上回ることもあり、親に助けてもらいながら回しているそうです。

自分から別れを切り出す勇気もなく、ドンと構える心もなく、現状にあっぷあっぷしています。いっそのこと嫌いになれたらいいのにと思う時もあります。でも彼を失いたくないのです。代わりの人はいないのです。くるしいです。

今までそれなりに恋愛をし、燃え上がるような恋もいずれトロ火になることを知っています。好きで好きでどうしようもなくても、いつか気持ちが落ち着いたり、時には嫌いになってしまうことも知っています。

ただ先が見えないことが不安なのでしょうか。真っ暗闇のトンネルの中にいるようです。（匿名希望 28歳 女性）

A

なんだか大変な働きかたをしている彼氏さんですね。彼も28歳ということですが、まぁ若いうちはそういう時期は誰でもあるかなぁという気はします。独立を考えているのならば尚更です。

彼の年収はご存知ですか？ 付き合って1年ぐらいだと知らないかもしれませんが、彼の会社の名前で調べましょう、そして同業他社の年収も。結婚を前提にすすめるならば必須作業です。そしてこれは彼の収入に頼るということではなく、彼の金銭感覚を推察するためのものです。

残業代は出ていますか？　たぶん安い給与でサービス残業で働いているような気がするんです。彼氏さんが営業職で誰かの経費を自分が立て替えているという状況でもない限り、自分の給与を経費立て替えが上回る、ということはそうないとおもうんです。給料がそもそも安いか、そもそも営業職なら法人クレジットカードを持たされたり、事前に現金で渡しますよね。

そして、実家の家賃を折半して生活費も払いつつ、給与をこえた経費立て替えぶんを親に助けてもらっているというのは、金銭の収支感覚としてはどうでしょうか。ぼくはいいとはおもいません、あなたの彼も、彼の親も。

彼氏の月給が１００万円ぐらいあって、実家が家賃80万円のタワーマンションで、経費立て替えが40万円をこえるという富豪パターンならまた違うけど、でも奨学金を返済しているというならそうじゃないでしょ。

業界内で名をあげたい、独立をしたいという気持ちはとてもよくわかりますが、ただのやりがい搾取にあっているのではないでしょうか？「うちの業界はこれが普通だから」って彼は自分にいい聞かせながら。年収が低いのも仕方ないかもしれませんが、その働きかたにぼくは疑問を感じます。

だいたい過去に過労で倒れているのに、いまでもそこまで働かせる会社ってどうですか。すくなくとも会社は彼のこと大切にはしていないですよ。重要なポジションでも唯一無二の存在でもありません、本当に大切ならそれなりの扱いをします。

ぼくがなにをいいたいかというと、彼はお金のことをあまり考えられていないのではないでしょうか。自分の時間を拘束されて、時間を売るという感覚もないのではないでしょうか。

彼がもしも正社員で低賃金サービス残業という状態ならば、残業をなるべく避けて命を守りつつ、給料を時給換算したときの単価を上げ、いい仕事をするために睡眠や休憩をとれれば、あなたとの時間も捻出できます。

そしてそれが不可能なのであれば、環境のいい同業他社に移るか、独立の準備を進めます。実家の家賃の折半もやめて、あなたと同棲して支出も減らします。そしてあなたとの一緒の時間をすこしでも増やします。すこし極端なことをいいますが、これが独立する人の合理的な発想です。

彼はあなたとも会えない生活をして、明らかな過労状態で、いったい月にいくら貯金ができているんですか？

彼は本当に独立する気がありますか？　きっとやんわりとな目標なんでしょうけど、独立する気がないのであれば、上手くサボるということを覚えなきゃ。真面目になんでも完璧を目指して過労状態で働いているんでしょうけど、業界内で名前をあげるなら仕事の量をこなすのではなく、仕事の質を上げないと。

彼との結婚は、いまはしないほうがいいと、ぼくはおもいます。真面目な人なんだとおもうけど、ちょっとバカ真面目の要素がおおいじゃないですか。結婚するなら賢さや合理性の要素がないと。彼と結婚したらこれからトラブルが起きたときに、あなただけで解決することになりますよ。

結婚して子どもがうまれたら、きっと彼は真面目に、さらにがむしゃらに働いちゃいますよ。「パパになったんだから」って自分にいい聞かせながら。あれってたくさんの人がやってしまうけど、ぼくはいつも逆だとおもうんですよ、子どもがうまれたら旦那さんはがむしゃらに働くのではなくて、仕事をセーブしなきゃ。

もしもがむしゃらに働いて稼ぐなら、シッターさんを利用して子育ての人手を増やすべきでしょ、そういうのが必要経費です。必要経費も払わないで、ましてやサービス残業でがむしゃらに働かれたら、あなたが追い詰められるだけです。だから彼の給料や職場の環境を調べましょう。

子どもがうまれたころには、あなたの愛情は旦那さんから子どもに大きく向くでしょう。あなたの彼は、家庭をかえりみない旦那になる可能性がとても高いとおもうんです。いまのあなたにしていることは、いつか子どもにもします。

そして過労死のリスクや病気のリスクもあるわけですけど、ぼくは家庭をかえりみなかった旦那さんが病気になって仕事を失い、献身的に支えられているというケースを残念ながらいまだに見たことがありません。

「悪いけどはやく死んでほしい」そういうことをいっていた奥さんには何人かお会いしました。もちろんぼくが会っていない人ではなく、会った人の話なのですべてではないですよ。

あなたはあなたで自分の年齢的なことも考えて、これからさきここまで好きになれる人と出会えるかという不安があるとおもうんです。彼と別れればあなただって傷ついて落ち込むわけです。他の男性を探しても好きになれるかどうか、いい人に出会えず、ずっと一人でいるということも考えるとおもうんです。

「自分から別れを切り出す勇気もなく」の正体はきっとこれでしょう。あなたが本当に心配しているのは、彼のことではなく、あなたが孤独になることじゃないですか。

でもね、それがあたりまえですよ。自分の人生なんだから、自分をいちばんに大切にするべきです。他に船がないからって泥舟の豪華客船に乗る必要はないですよ。船長の人柄がいいのかもしれないけど、求めるべきは合理的な判断や経験です。

ぼくは2つ方法があるとおもいます。1つはこのまま彼と付き合いつつ、他の男性を探すということ。新しい彼氏のメリットとしては、孤独のリスクをなくしつつ、別れたあとの傷つきや落ち込みを軽減できます。デメリットは罪悪感です。正直なところ、ぼくはこれをおすすめします。

もしあなたに他にすこしでも気になる人がいたら、この相談をしてみましょう、泥舟に乗りながら釣りをするような気分で。その気になる相手が「オレだったらそんなことしないけどね」なんていってきたら、釣り上げたようなものです。

もう1つは、彼に生活の改善を真剣に相談して求めることでしょう。過労で倒れるまで仕事をすること、職場の待遇や環境のこと、独立のことや実家のことや、お金のこと。絶対に彼を責めないで、本人がどこまで考えているのか聞いてください。

そしてなんでこれをおすすめしないかというと、そんな時間がないってことなんです。そういう会社って時間を奪うことでブラックな状況から逃げられない鎖にしているんだよね。もしもこれができなければ、なおさら結婚は難しいでしょう。

そして彼は親にも搾取《さくしゅ》されてる可能性があります。親も彼の金銭を搾取することで、逃さない鎖にしていないかな。試しに結婚をして実家を出たいということを、彼の口からいってみてもらってください。最初に「おめでとう」といわなければ確定でしょう。彼の親は泥舟の先客です。

もしも彼が改善をしてくれればドラマのハッピーエンドのような結末ですが、彼には彼の考えがあるし、はっきりいって大変です。そう簡単にはできないでしょう。

まずはあなたがいい船に乗ることを考えて、その船に誰と乗りたいかということを考えましょう。

これはあなたが結婚するための戦略です。メリットだらけでデメリットはほぼありません

Q

こんにちは。

今年28歳になった女です。周りの友達は結婚と出産ラッシュです。

今年結婚式は8回参列し、出産祝いも4人にお渡ししました。

そんな私は結婚願望も強く、子どもも欲しいと思っていますが独身で彼氏もいません。

春頃、結婚の約束をしていた人に振られました。約束したものの、やっぱり一生独身がいいそうです。私にも原因があったのだとは思いますが、不誠実な人と結婚しなくて良かったなとは思います。

今、私が一番辛《つら》いのは友達の幸せを素直に喜べないことです。SNSをひらけば幸せな姿ばかり目に映り、友達とグループで会うときも子連れの子達ばかりで話に入れず……お祝い続きで金銭的にも厳しいし、それなりの金額のものをプレゼントしても特に反応ないときもあり、お祝いごとですが悲しい気持ちになったり……

新しい趣味を見つけたり、ひとりの時間を充実させているつもりですがどうも寂しいです。今まで彼氏や友達に依存していたんだと思います。それがなくなったので急に寂しくなった、空っぽですよね。

婚約破棄されたときも自分のことのように泣いてくれたり、怒ってくれた友達もいました。それなのに自分はそんな素敵な友達の幸せを喜べません。私が結婚し、出産するまでこの気持ちは続くのでしょうか。（匿名希望 28歳 女性）

A

こんにちは、1年間で8回も結婚式に参列するってなかなかすごいですね。男性にも結婚式ラッシュのようなものはありますけど、そこまで多くはないような気がします。

ご祝儀《しゅうぎ》だけでもけっこうなものだし、毎回おなじ洋服ってわけにもいかないだろうし、髪のセットやらもろもろ含めると、28歳女性の一般的な年収で考えたら今年はけっこうな出費でしたね。可処分所得の10％はかるく超えるんじゃないですか。

全額とはいわずとも一部だけでも補助してくれるような、ご祝儀保険とか参列者共済があったら売れそうですよね。

出費もすごいけど、あなたの交友関係の広さと人柄の良さもすごいことなんじゃないですか。人数合わせや、あの人を招待したらこの人も的なものだってあるかもしれないけど、本当にどうでもいい人や嫌いな人は呼ばれないでしょ。

自分がしあわせでないときは、人のしあわせなんてよろこべないものだし、誰かのしあわせなんか願えないものですよ。キリストじゃあるまいし、それがあたりまえで普通だとおもいます。

そのギャップに苦しんでいる時点であなたはいい人なんですよ。だからこそあなたを結婚式に招待した友達や、出産を報告した友達は、いい人であるあなたのしあわせを願っていますよ。

しあわせの価値観は人それぞれで、結婚や出産がしあわせの代表選手で人生のゴールみたいな顔をしているけど、ぼくは必ずしもそうはおもいません、しあわせの価値観は本当に人それぞれです。

あなたは結婚願望が強くて子どもがほしいわけですから、やっぱりそれが叶えられるのがしあわせなんでしょう。これはあなた一人で叶えられることじゃないので、もしかしたらいつか諦めないといけないときがくるかもしれないけど、できないことを考えるよりも、まずは叶えることを最優先に考えたほうがいいよね。

まずは彼氏ができることが第一歩だとはおもうんだけど、そのためには友達のしあわせを素直によろこべないということを止める必要があります。そもそもこれね、まじで相手にバレバレなんですよ。

すこし極端な例なんだけど、ぼくの妻も結婚と出産をしたときに、当時の職場の同僚から妬《ねた》まれていました。結婚時にかるく妬んでいた人が、妊娠中はけっこうひどいマタハラをしてきたそうです。

妻が出勤する前にポロポロ泣きながら、「職場に行きたくない」とぼくにもらしたことを、いまでもよく覚えています。流産みたいなことにならなくてよかったけど、もしも流産をしていたら、その人たちってよろこんでいたのかな。ちなみにそのときの妻の職場って幼稚園っすよ。

妻を攻撃してきた人って、自分のしあわせを享受できていない人でした。「女の敵って女だわ」ってそのころのぼくはおもってしまったのだけど、もちろん同僚の全員から攻撃を受けていたわけじゃなくて、たくさんの同僚が妻を守ってくれたんです。

いろいろ考えても「妬み」以外の動機が見つからなかったけど、「女の敵って女」ではなく「女の敵は不幸な人」だといまではおもっています。これはけっこう極端な例すぎだけど、ＳＮＳの短文でも、妬みや悪意、敵意ほどわかりやすく相手に伝わるものはありません。ここに男女の違いはありません。

結婚をすると、けっこう女性を紹介してほしいってお願いされる機会があるんです。自分の年齢的に、紹介をするのって結婚を前提にしていることもあるから、紹介するのに勇気がいるんだけど、そのときに誰を紹介するかっていうと、妻を守ってくれた同僚だったり、敵意や妬みのない人ですよね。

だってそういう人だったら安心して紹介できるじゃないですか。そして男性の立場からしても、人を妬んでるような人との結婚はちょっとしたくないですよ。それは女性だってそうでしょ？　自分が嫌いな人を紹介なんてするわけないじゃないですか。だから、友達のしあわせをよろこびましょう、フリでもいいですよ。

あなたが友達のしあわせをよろこんで、それを言葉や態度にしめすこと、SNSのコメントひとつでも伝わります。敵意が伝わりやすいように、善意もとてもよく伝わります。

あなたの友達はあなたにしあわせになってほしいっておもってるし、女性を紹介してほしいとお願いされたとき、友達夫婦のあたまのなかで自然とあなたが候補にあがるとおもうんです。

あなたからもいい人がいたら紹介してねって、本気を3割、冗談を7割ぐらいのハイボール的な軽さで声をかけておくのもいいですよね、本気10割のストレートだとちょっと紹介しにくいけど。

結婚したり出産したりすると、友達と遊ぶ機会も減ってしまうものなんです。だからその度に本気ストレートをのまされるよりも、冗談ハイボールぐらいのほうがいいとおもうんです。

そしてこの冗談ハイボールは、結婚式に出席する前にのませましょう、本気4割ぐらいの濃い目にして。結婚式の準備をする中で絶対に新郎新婦の間で話題になって、ひょんなことで話がすすむ可能性があります。新郎だって結婚式にどうでもいい友人を呼ばないものだし、新郎の友人だってどこかで期待しているものです。

これは種まきみたいなものですよ、しあわせをよろこんで水を与えて、冗談ハイボールで肥料を撒《ま》きましょう。それがあなたには1年間だけで8人もいたわけです、もちろん出産した4人もね。

結婚ラッシュはあなたにとってはチャンスです、来年もきっとあります。あなたの人柄の賜物《たまもの》でしょう。あなたがこれまでに積み上げた貯金のようなものです、いまが最大の放出するタイミングです。

ただ結婚や出産はあなただけの問題じゃなく、外野がヤジを飛ばしてくるから、またそこで大変なんだけど、そこはパートナーと乗り越えてください。自分のことのように泣いてくれたり、怒ってくれた友達が、今度はそうならないように助けてくれます。

あなたが結婚して、誰か紹介してほしいとお願いされれば、助けてくれた友達のことが自然とあたまに浮かびます、そういうものです。だからまずは友達のしあわせをよろこびましょう。

これは戦略です、なかなかいい戦略だとおもいます、メリットだらけでデメリットがほぼありません。あとはあなたの気持ちの問題だけど、自分のことを冷静に振り返っているようだし、こういう相談をこういう場にできている時点でとても勇気があるし、あなただったら大丈夫だよ。ギャップに苦しむ前の自分をおもいだして、そっちが本当のあなたです。

恋人ができて結婚をすることになったら、元彼と婚約破棄したことが正解だったって思えて、消化できますよ。ぼくだっていままでに何人かの女性とお付き合いしましたが、その全員と別れて妻と結婚したわけだけど、極端なことをいえば全員と別れて正解ですもん。もちろん相手にしてもおなじことです。

もうすぐ２０２０年ですね、よい年を。あなたがいい人と出会えることを願っています。あなたが結婚式をするときは、きっとたくさんの友人が笑顔で参列してくれます。２０２０年は冗談ハイボールで攻めましょう。

好きなことを勉強し、好きなことを遊べ

Q

私は、大学院に通う理系の学生です。就職も決まり、現在修士論文の執筆中です。大学受験に失敗してしまい一年浪人してしまいましたが、両親や親戚からの厚いサポートがあり、無事に志望校に合格することができました。

学部生時代は感謝の気持ちを込めて真面目に授業に出席していました。（しっかり学べていたかは別ですが……）そのかいもあってか、成績も上位のほうに入ることができ、無事希望の研究室へ配属されることが出来ました。

研究は辛いことも多くありますが、自分の研究でいつか世の中を良くしたい、学んだことを活かしたい、と考え、就職先も現在の学びの延長線上のことができる企業にご縁があり内定をいただくことが出来ました。

少し自慢のようになってしまいましたが、私の悩みは上記にも大きく関係しているため詳しく書かせて頂きました。

少し前、某サイトにて、「真面目に大学に行くより、少しサボったり留年したりするほうが価値のある大学生活だと思う」という一言を、好きな発信者の方がおっ

しゃっておりました。

　この一言がずっと頭から離れません。

　真面目に毎日一限に出て、良い成績をとるため勉強して、研究室に遅くまで残っている今のわたしは間違っているのか？　博士課程に進学せずに就職する理系学生は、このような一言に意見する価値はあるのだろうか？

　留学をしたり旅行をしたりして、世界を見ていないわたしは意識の低いダメな学生なのか？

　起業をせず、自ら意見を発信せず、企業で小さな一社員として働くことは、自堕落なことなのか？

　わたしは、私の6年間の学生生活が周りにどう思われているのかが怖くて、誇りに思うことができません。真面目に頑張ってきたことは、間違っていたのでしょうか。

　価値のある大学生活とは、どのようなものなのでしょうか。（匿名希望　24歳）

A

あけましておめでとうございます、そして就職おめでとう。２０２０年はあなたの人生のなかでも思い出ぶかい年になりそうですね。

ぼくは大学を出ていないし、写真の専門学校はすぐに中退してしまったので、最終学歴は高卒です。卒業した高校は福澤諭吉もびっくりするようなバカ高校で（在校生ごめんね）英語の授業はアルファベットのＡＢＣの大文字と小文字と筆記体からはじまりました、これマジです。

ぼくはいまでも勉強が全然できないし、筆記体もいまいちわかりません。ついでに修士論文の執筆の大変さもよくわかりません。ぼくは勉強が嫌いで、遊んで好きなことをしている人生でした。

それでも大学で講義をしたり、こうやって原稿の執筆をしているから、かならずしも学歴がすべてではないなぁともおもいます。でもこういうのは学歴がある人がいったほうが説得力あるし、そもそも写真家って学歴とは関係のない職業なだけです。

だから、あなたの好きな発信者の「真面目に大学に行くより、少しサボったり留年したりするほうが価値のある大学生活だと思う」という言葉に、ぼくはウンウンとうなずいてしまいます。この言葉は一理も二利も三千里もあるんじゃないかな。一理なのか一利なのか一里なのかバカだからよくわかんないんですよ、さすがにウソだけど。

どんなことでもそうだけど、ひとつの思考や物事がすべての人に当てはまるわけじゃないです、人によりますよ。大阪人はみんなおもしろいって思い込んじゃうこととおなじです、つまらない大阪人だっています、大阪人によります。

「真面目に大学に行くより、少しサボったり留年したりするほうが価値のある大学生活だと思う」の文頭に、「興味のない授業を受けたり、課題だけをやる気なくこなしたり、無駄に時間をすごすなら……」というのがつくんじゃないかな。この「真面目に大学に行く」というのは、出席だけ真面目にするって意味だともおもえます。

あなたの場合は成績上位になって、世の中のためになるような研究をして、それを活かせる就職先にもいけるわけです。素晴らしいじゃないですか、あなたみたいな人がいるからぼくみたいなバカが安心して生きられる社会になるんですよ。

あなたも心の奥底では自分に自信があるでしょう。それはあなたの謙虚さからうかがえます。ぼくはいろんな人に会いますが、自信がある人はみな謙虚です。

自信というのは最初から持っているわけでも、与えられたものでもありません。本人の努力によってえられた実績が、自信になり謙虚さになります。

柱のようにたくさんの実績があればあるほどいいです、年齢に応じて新しくどんどんえられることがのぞましいです、それが成長です。

一流大学に入学したり一流企業に就職しても、そのあとに実績をえられなければ、肩書きバカになって、人を見下してしまうかもしれません。そこに謙虚さはないよね。

時間はお金とおなじぐらい大切です、大学生ってお金はないけど、時間はあるんです。この時間を何に使って実績をつむかってことです、あなたはこの時間を立派に使ってます、あなたの自信に間違いはありません、大丈夫です。

おじさんになってくると時間はあまりないけど、お金は大学生のころよりも余裕が出てきます。もちろん人によるけど、あなたの場合は研究に忙しくてお金の心配もないでしょう。

勉強をしていなかったぼくは、いまになって勉強をしたいとおもっています。遊びに時間をかけたおかげで遊びはけっこう優秀なんだけど、いまはお金をかけていろんなことを勉強したいです。ぼくは今年は料理のことをしっかり勉強しようかとおもっています、料理が上手くなりたいから。


そしてもちろん逆パターンも存在します、勉強に時間をかけた人はお金をかけて遊ぼうとしたりします。仕事がいくらできても、遊びが弱いと仕事だけの人生になっちゃうのよ。仕事だけの人生も、健康なときは上手くハマるパターンもあるんだけど、仕事ばかりの人生であることを後悔する瞬間が訪れることがあります。

それは、病気になって死ぬときです。もしくは死ななくとも、病気で仕事を失ったときです。これは絶対とはいわないけど、かなりの高確率で後悔をします。正直なところほぼ絶対です。

唯一のアイデンティティが仕事だと、会社の経営状態や社会からの需要、病気などの本人の努力ではどうしようもない、解決できないことであっさりと消え去ってしまうんです。だからアイデンティティはいくつもあったほうがいいの、仕事でも遊びでも。

ただ、時間とお金はなかなか同時には持てないので、実績のつみかたも順番でいいんです。20代の10年でなにをするか、30代の10年でなにをするか。その結果が40代ぐらいであらわれて、いい大人になるのだとおもいます。格好いい大人をみると、なおさらそう感じます。

人ってそれぞれ能力も得意なことも違うし、好きなものだって違うでしょ。そういう人がたくさん集まって、自分の苦手なことを誰かが補ってくれているから生きていられるんです、それが社会です。

ぼくは写真家だけど、カメラを開発や製造してくれる人がいないと成り立ちません。子どもがいるけど、産婦人科の医療者や保育士さんがいるから、成り立ってます。病人だけど、医療者や薬を開発してくれる人や、税金や健康保険料を支払ってくれている人がいるから生きています。
あなたみたいな学生が研究をして、就職をしてくれるから生きているんです。でも、もしかしたらぼくも、誰かが生きることの役に立っているかもしれません、そういうものです。

社会に出ると勉強だけでは解決できない問題がたくさんでてきます、それを補うのが「遊びで学んだこと」だったりします。だからといって遊びだけでは解決できない問題もたくさんあります、それを補うのはやっぱり大学などの高等教育で学べる勉強だったりします。

あなたの場合は勉強はしっかりとできているのだから、あとは遊びを経験するだけです。ぼくは遊びをしっかりとできたから、あとは勉強をするだけです。ぼくは好きなことを勉強して、あなたは好きなことを遊ぶんです。誰かの価値観に合わせた勉強も遊びも大人になったら必要ありません。

みんなが海外旅行にいってるから自分も、とかじゃなくて、遊びなんだから自分の好きなことでいいんです。人にいったら笑われてしまうような遊びだっていいの。大切なのは自分の好きなことをして笑顔でいることです。

ぼくもあなたぐらいの年齢のときは写真家になることを人から笑われたけど、いまは誰になにをいわれようが、気持ちがブレることはありません。写真の勉強をして、写真以外でたくさん遊び、実績をつむことができたからだとおもいます。

あなただって遊びを学べば、誰がなんといってようが、ブレることはなくなります、そんなもんです。不安は実績で補えます、そうすると自信が確信になります。

10年ぐらいしたらあなたもきっと格好いい大人になるよ、そんなときに10歳ぐらい年下の悩む人の相談にのってあげてね。

そのときのために、いま悩んでいる気持ちを忘れないように、大切にしてください。悩んでいた過去の自分をバカにしないように、自分の過去の悩みをバカにしてしまうと、若い人の相談をバカにするダサいおじさんになっちゃうからね。でもこれもあなたなら心配はないとおもう。悩んだ経験って人生の財産になるよ。では良い一年を。

あなたの考えを否定する権利は誰にもない、考えが変わってもいい

Q

私たち夫婦は現段階では子どもはいらないと考えて避妊しています。経済的に子どもを養えるほど自立できていないこと、まだ父親母親になるよりも恋人でいたいこと、そして私はブスで苦労してきたので子に同じ苦労をさせたくないという思いがあります。

しかし双方の親は違います。旦那の職業上結婚したほうが都合のいいことが多かったので、大学卒業後すぐに結婚したのですが、結婚を許したのも孫の顔が早く見たいという気持ちがあったのだと思います。お互い両親とは特に不仲というわけでもなく、なんなら良好な関係を築けています。

だからこそ孫ハラがしんどいです。両親のことが嫌いだったらいっそ楽だったのですが、本音を伝えて傷つけてしまうのも悪いと思い、今は子作りする意思はないことを伝えるにとどめています。

私は親に抑圧されてきた、ということに気づいたのは最近です。大学で学んだことや幡野さんの文章のおかげです。いわゆる体育会系な両親なので運動部以外に入

ることは許されず、こうしたほうがいいよと先回りして回避され続けた結果、自分でも気づかないうちに親の意見ばかりを尊重する意思なし人間へと成長してしまいました。

私が子どもをほしくないと思うのは私の意思ではなく、親に反発したいという気持ちだけなのかと思うこともあります。

親に抑圧されたせいでできなかった後悔など今までため続けた鬱憤《うつぷん》をぶつけて和解すべきなのか、それとも今のように親の言うことは聞き流しそこそこの関係を続けていくべきなのか迷っています。

もしよろしければ幡野さん夫妻がどうして子どもを作ろうと思ったのかもお聞きしたいです。（航海士の嫁 22歳 女性）

A

子どもをいらないと考えているあなたに、子どもがいるぼくが相談にのるのってなんだか子育てマウンティングになりそうで嫌なので、あなたもムカついたら、死にかけのざれごとぐらいにきいていてください。

地方で車を運転しているときにラジオを聴いていたら、女性パーソナリティが「私は結婚もしないで親不孝ものですから……」みたいなことをはなしていたんです。

　ぼくはひとりで車を運転していると、ひとりごとが度を過ぎてしまい、ひとりだったのが弁護士と検事のように反対の立場にわかれて議論するタイプなんですけど、この親不孝発言で、目的地に到着するまでの1時間ぐらい議論をしてしまいました。

　目的地までの距離が4kmをきったあたりで、裁判員として選ばれたぼくがでてきて、ひとまず議論に判断をだすんです。裁判員のぼくがこのときに下したのは「子どもが結婚しなかったら、親不〝孝〟にはなっても親は不〝幸〟にならないよね」ということでした。

　ぼくの息子はいま3歳ですけど、将来、結婚しても子どもをつくらないという選択を選ぼうが、ぼくが不幸になるわけじゃないですよ。別にいいじゃないですか、本人がしあわせなら。ぼくだって、ぼくのしあわせも不幸も、親のものにされたらたまったもんじゃないですよ。

　親って不安で、子どもに失敗をしてほしくないのでしょうけど、その解決方法が子どもの失敗を先回りすることで、そのせいで子どもの失敗が回避され続けると、やっぱり失敗ができない大人になってしまうとおもいます。

　スキー場だって子ども用や初心者用や上級者用にコースがわかれているんです。小さな失敗を積み重ねて上達して成長するんです。誰だっていきなり上級者コースで滑れば、大失敗して命にかかわる事故につながる可能性が高いですよね。

失敗を防ぐ最善の方法は挑戦しないことです。挑戦をしないで誰かに指示されたことに従うだけの大人になってしまいます。あなたが意思なし人間へと成長したのは、そういう教育を受けたんですから当然です。もちろん、あなたが子どもはいらないと考えることを、挑戦していないなんて根性論をいうつもりは、ハゲてないけど毛頭ありません。

あなたは思春期に反抗期もあまりなく、いい子だったんじゃないですか？　出産の話になって、親への違和感を覚えて、すこし遅めの反抗期がきたんじゃないでしょうか。


「子どもを養えるほど自立できていない」って経済的な理由を最初にあげているけど、お金の問題が解決できたら子ども産みますか？　たぶんそうじゃないよね。

お金の問題を理由にあげる人は、お金の問題が解決したときに、本当に行動する人間なのかが試されちゃうのよ。あなたにとって経済的な理由は、子どもをいらないと考えていることの、親や社会への居心地の悪さへの〝いいわけ〟なんだとおもいます。

いいわけをするな！　なんてことをいうつもりも毛頭ありません、もちろんハゲてないけど。

ただ経済的ないいわけは友達には有効だとおもうけど、あなたのご両親みたいなタイプはお金の問題を解決しようとしちゃうから、逆手にとられて逆効果になりかねないということです。

〝いいわけ〟ではなくあなたの本当の〝理由〟は、あなたが最後に書いた「ブス」のことなんだとおもうんです。悩みを箇条書きにしたときに、最後に書いたことが本当の悩みってよくいいますよね。両親に「本音を伝えて傷つけてしまう」という言葉からもそれは窺《うかが》えるんだけど、こればっかりは先回りして解決できる問題じゃないから、それで傷つけてしまうことを心配しているんでしょうね。

あなたがブスなのかどうかはぼくは会ったこともないからわからないけど、あなたが子どもをいらないと考えるにいたった経験の否定になるから、「そんなことないよ」と根拠なくなぐさめることもできません。

ただ、ぼくは息子にも、本人がしあわせならいいじゃない、って考えてしまうので、あなたの意思を尊重してくれる旦那さんがいてしあわせなら、いいじゃないっておもいます。

でもこの理由もご両親には伝えないほうがいいとぼくはおもうんです。ぼくは別にあなたのご両親を守りたいわけじゃなくて、傷ついたご両親があなたに謝ってしまうことを心配してます。

これは若い人でおおきな病気を抱えた人あるあるなんですけど、子どもが病気になったときに親が「そんな身体にうんでごめんね」って謝ってしまい、「そんなことないよ」って子が親をなぐさめるんです。その通りかもしれないけど、それで子どもの気持ちはどっかに忘れ去られちゃうの。これけっこう苦しめられるんです。

あなたたちご夫婦が子どもがいらないと考えているのならば、それでいいとおもうんです、あなたを誰も否定する権利はありません。何かのきっかけでいつか考えが変わればそれだっていいわけだし、そのときに誰かが否定する権利もありません。

でも、年末年始の帰省ブルーみたいなものは味わうでしょうね。ぼくも元日に、うちから徒歩5分の妻の実家で帰省ブルーをしっかり味わいました、帰省ブルーは距離じゃないわ。

「親はいつまでたっても子どものことが心配なのよ！」って子育てマウンティングと説教のコンボを、妻の母と叔母からされました。親の心配を子どもにぶつけて解消するのって、ぼくからすれば虐待なんだけどね。

人にもよるけど、なんで親族ってデリカシーフリーなんでしょうね。きっと、子どもは成長すると認識して関係性をアップデートできる人と、子どもはいつまでも子どもと認識して、子どもが小学生のころの関係性を保とうとする人の、違いなんでしょうね。

パソコンでいえば親のOSとメモリは20年前から一緒、子どものソフトは最新でデータ量も大きくなってる、そりゃうまく動かんですよ。子どもが親を追い越していることを認識できていないんですよ。

孫ハラがしんどいかもしれないけど、これはもう耐えるしかないです。「現段階で子どもがいらないと考えている」としか伝えようもないとおもう。鬱憤をぶつけて和解というのが理想かもしれないけど、あまりいい結果にならないような気がするなぁ。もちろん最終的な判断はあなたがすればいいのだけど、旦那さんに弁護人になってもらってください。

最後になるけど、ぼくは子どもをほしいとはおもっていなくて、妻の意向を尊重した結果です。子どもが苦手で嫌いだったからこそ、子どもを育てると決めてからたくさん勉強をしました。お金のことも、親や夫婦関係が子どもに与える影響のことも、育児についてもたくさんです。

ぼくはあまりいい家庭環境で育たず、親の愛情というものがわからずに大人になりました、だからいちばんの不安は子どもへの愛情の注ぎかたでした。

子どもがいる人って「子どもっていいわよー」っていいがちなんだけど、子どもをほしいとはおもわない人には具体性がないから響かないよね、場合によっちゃウザいだけなんだけど。

子どものよさを具体的にあげるとすれば、子どもが親のことを全肯定してくれることだとぼくはおもいます。

愛情を注ぐ親だろうが、そうじゃない親だろうが、子どもは親を全肯定してくれるんです。お父さんお母さん大好きって、自分のことをすべて肯定してくれるんです、自分よりも弱い存在のすべての愛情が疑いなくこちらに向けられます。

愛情の注ぎかたって、盲点だったけど子どもが教えてくれるんですよ。だからぼくも子どものことを肯定して、大好きだと伝えています。

そういう存在の人ってあなたの人生の中にいますか？　ぼくにはいなかったです。たぶん似た存在は犬などのペットだとおもいます。これは配偶者との愛情とはまたちょっと異質で、子どもができたことで配偶者ではなく子どもがいちばん大切になる人が多いのは、子どもが自分を配偶者以上に愛してくれるからです。

でもこれは子どもが生きる上で必要な生存本能だともおもうんです、そして下手すると麻薬のように危険だとも感じます、子どもからの愛情に依存しちゃうよね。

だからこそ適切に親子の関係性のアップデートが大切だし、夫婦関係もアップデートできないとね。子どもの親への愛情って、親を炙《あぶ》り出しちゃうの。

おおきなお世話なんだけど、頭のどこかに覚えていてください。覚えておくぐらいなら損することはないとおもうんです。そしていちばん覚えていてほしいのは、あなたがしあわせでいることです。

奇跡を信じて神風を待つなら、作戦を立てて希望にしよう

Q

31歳のとき、不妊治療の末に授かった男の子を死産しました。

体外受精まで進んでも結果が出ないなかでの自然妊娠でした。

その後、仕事をやめて治療に専念しましたが、妊娠することはできないまま、35歳になりました。治療期間は8年、費用はトータルで1000万にも及び、そろそろ終了しなければならない、すべてやり尽くしてしまった、そんな気持ちです。

精神的にも疲れました。ここまでなんだか色々なものを失いました。喪失感を、治療を頑張ることで、先への希望で埋めてきたのです。

夫との仲は良好で、この先2人でもやっていける、と言ってくれます。でもなかなか元気が出ず、今でも塞《ふさ》ぎ込むことが多いです。失った赤ちゃんを思って悲しいのか、罪悪感なのか、努力した治療の結果が出なかったことを怒っているのか、わからなくなります。多分全部です。

今は夫と仲良く過ごせるだけでも、幸せ。心からそう感じています。楽しくて2人で笑うことも多いです。でも辛い気持ちは毎日のように襲ってきて塞ぎ込んでし

まいます。
いつか楽になれる日はくるのでしょうか？（ポムポムプリン 35歳 女性）

A

不妊治療をした8年間でいろんな人から、いろんなことをいわれてきたとおもうんです。あなたの過去の行いを咎《とが》められたり、食べているものを否定されたり、すすめられたり、「赤ちゃんはお空からパパママを探してる云々《うんぬん》」「死産した赤ちゃんがママの悪いところを持っていってくれた、だから次は何々」とか。旦那に問題があるんじゃないかとか、あきらめなければ奇跡は起きるよ、みたいなことを散々いわれたとおもうんです。

口に出さなくてもいいけど、心のなかでバ――カっていい返していいとおもうんです。相手は善意のつもりでいってきてるから気づいていないけど、あなたと旦那さんはじわじわとこういう言葉に苦しめられたとおもうんです。相手のためと信じて、でもじつは相手を苦しめる行為をしてることを優しい虐待ってぼくは呼んでます。

あなたの苦しさをなぐさめようと、なんとかしてあげようとする行為なんだけど、哀れみの目で見られたり可哀想っておもわれるのって、めちゃくちゃ苦しいしムカつきますよね。

あなたが精神的に疲れて、いろいろ失ったものの一つが人間関係でしょう。

あなたの苦しさを本当に理解できるのは、あなたしかいません、旦那さんの苦しさもまた、それを本当に理解できるのも旦那さんだけです。苦しさの理解というのは本当に難しいことで、理解されないことで孤独を感じるのだとおもいます。

不妊治療せず子どもがうまれたぼくには、あなたの苦しさはわかりません。きっとぼくのことをドライで冷たい人っておもう人もいるとおもうんだけど、ウエットで熱々な、一目も入ってない五目あんかけみたいな人が、優しい虐待をしちゃうんだよね。

不妊治療と死産の苦しさは想像することしかできないけど、人間関係で消耗したことはよく理解できます。なぜなら不妊治療とがん治療って、治療としてはまったく違うんだけど、心理状態や環境、周囲からかけられる言葉などが酷似しているからです。

不妊治療中の人って、なかなかがん患者さんと話をする機会はないとはおもうんですけど、本当にびっくりするほど心理状態は一緒。

自分のことを役立たずとか失敗作なんじゃないかって自分で自分を責めてしまったり、あなたもこの8年間で「ありのままでいいんだよ」って、一目も入ってない五目あんかけみたいな人から何回いわれたか思い出してみてください。

優しい虐待をしてしまう人って、ここぞとばかりに一流コピーライターみたいな言葉を捻《ひね》り出そうとして、いちばん耳にしてるJ－POPの歌詞をいっちゃうんだよね。

あなたも「ありがとう」としかいえないだろうから、本人はフルスイングでホームランを打った気になって大満足なんですよ。

こういうことをいうと「じゃあなんて声を掛ければいいんだ」ってバッターボックスから困惑気味にサインを求められちゃうんだけど、そもそもバッターじゃなくてキャッチャーになるべきなんですよね、バットじゃなくてミットをもってくれ。

「奇跡を信じる」ってなんだかすごく美しく、正しいことのようにもおもえますよね。でもぼくは治療においては正しくないとおもっています、不妊治療やがん治療のように、人生におおきな影響を与えるものであればあるほど。

絶望のなかで治療をしろっていってるわけじゃありません、希望は絶対にもちましょう。

治療って、よく闘いのようにたとえられちゃうけど、闘いにおいて、希望というのは作戦のようなもので、どこに進んでどれだけ攻めるか、こちらがどこまで消耗したら体勢や作戦を立て直すのか、または撤退をするのかなどを考えることです。つまり何をしたいかということです。

奇跡は、神風が吹くことを信じることです。どんなに絶望的な状況でも神風が吹くと信じれば、竹ヤリで機関銃をもつ相手に突撃だってできるのかもしれません。

奇跡と希望って、似ているようで全然違うんです。もちろん医療には奇跡的なことはありますが、それはあくまで結果的なものです。

奇跡を信じるって、心のよりどころのようなものだとおもうんです。確かにそれがあるからがんばれるわけだけど、治療そのものを心のよりどころにはしないほうが、ぼくはいいとおもいます、なぜなら良くも悪くもいつか治療は終わるからです。

あなたも治療をすることでどこか心の隙間を埋めていたのかもしれないけど、ぼくはあまりいいことだとはおもいません。病気になった人が病気そのものをアイデンティティにしてしまったり、介護や看病をする人ががんばりすぎてしまうのも同様です。

あなたの場合はそろそろ作戦の転換期なんだとおもうんです。作戦は希望なので、あなたとあなたの旦那さんだけの希望でいいんです。作戦にたいしてどうこういってくる人っているけど、それはあなたたちを自分の希望にのせたい人です。例えばあなたに不妊治療をあきらめてほしいって考える人だっています、逆にいつまでもがんばってほしいって考える人もいます。どちらにしてもそういう人たちの作戦にのせられないように。

ぼくも病気になったときにたくさんそういう人があらわれました、みんな作戦を立てたがるんだよね。ここぞとばかりに軍師官兵衛《かんべえ》になろうとして、頓珍漢《とんちんかん》な作戦を立案しちゃうんだよね。みんな奇跡がベースだから、最終的には特攻になっちゃうの。
とくに、いまのあなたに奇跡を信じさせようとする、一目も入っていない五目あんかけみたいな人には要注意ね、高額なインチキ治療とセットでやってくるから。インチキ治療って奇跡と手をつないでやってくるのよ。もしも困ったら「治療費を出してくれるならできるんだけど」って返しましょう。

不妊治療をしたこと、死産を経験したことで、あなたにとって何が本当に大切かがよくわかったとおもいます。とくに人間関係において。お子さんの死産を経験して抱いた感情は、ぼくたちには想像することはできるけど、それはやっぱりあなたにしかわからないことです。

ぼくは病気になる前の人間関係のほぼすべてを切りました。そして病気になってから人間関係をあたらしく構築しました。あなたも旦那さんと仲良く過ごせることはとてもしあわせなことだとおもいます。そうならないご夫婦だってたくさんいるでしょう。

ドライで冷たい意見かもしれませんが、毎日塞《ふさ》ぎ込んだり落ち込んだりするというのは、百害あって一利もありません。あなたの旦那さんにも悪影響を及ぼします。ぼくもがんになったばかりのころは気持ちが落ち込むこともありましたが、そのときの最大の問題点は家族に悪影響を与えるということでした。

訓練や経験を積んだ、五目入った五目あんかけみたいな医療従事者でもない限り、あなたの気持ちを受け止めることはなかなか難しいとおもうんです、別に熱々じゃなくていいんだけど。相談は誰にでもすればいいってもんじゃないので、苦しい気持ちはメンタルクリニックなどで相談してみてください。

もちろんいつか楽になる日が来るのかもしれません。時間が解決するなんていうけど、それが明日なのか10年後なのかはわかりません。時間が解決するのではなくて、時間が経過するなかで、経験したことや見聞を広めたことによって、楽になるのだとおもいます。

なにも経験しなければ楽になることもないでしょう、だからたくさんいろんなことを経験してください。旦那さんとの関係性を大切に、そして亡くなったお子さんとの関係も大切に。亡くなったからといって関係や妊娠中の思い出までなかったかのように忘れようとしなくてもいいと、ぼくはおもうんです。

旦那さんと過ごすことが心からしあわせなら、たのしい経験がたくさんできるように作戦を立ててみてください。治療の希望が終わったからといって、旦那さんとの希望が終わったわけじゃありません。たくさん希望をもってください。

Q あなたの精神を壊さないこと、もし壊れたときにどうするかということ

墓場まで持っていく悩みでぐずぐず悩んでしまうのが辛いです。

私は現在０歳の娘を育てています。

娘を授かったのは、知り合いに無理やりされて妊娠しました。お酒を飲んで動かなくなった自分を送る理由つけて２人きりになり車につめこまれて行為をされましたが、そこまでお酒を飲んだ私が悪い、相手も元々知り合いだからこれはレイプではないと思いこんでいました。

気づいた私は相手を責めましたが「最後まではしていない」という言葉を信じてしまい病院には行かなかったのです。親戚の知り合いということもあり親戚、家族にバレるのが怖く警察にも行けませんでした。

やがて妊娠したことが発覚し、エコーに映る小さな丸がピコピコ心臓を動かしているのを見ると、とても中絶することは出来ませんでした。

一番に今の夫に相談しました。

妊娠した時期から自分の子ではないと分かっていたのと、私と相手のＬＩＮＥの

やりとりをみて浮気じゃないと信じてくれ様々な葛藤があったと思いますが、すべてを受け入れてこの子を守って行こうと誓ってくれました。

なので、被害届を出して事件にすることよりもお腹の子を守り結婚することを選びました。夫婦以外誰も知らない秘密です。

娘が生まれた今、愛しいと思えて安心しています。夫も充分に可愛がってくれていると思います。

普通に考えたら、中絶して終わり、ですよね。中絶件数をみるとみんな言わないだけで、好きな人との子どもでも都合が悪ければおろしている人はたくさんいるんだろうななんて考えます。あのとき中絶できていれば、なんて娘に対して失礼な、最低なことを考えてしまいます。

憎い相手は妊娠したことを知っています。妊娠してから一度だけ会い妊娠したことを伝えました。もう産むと決めていた私はお金でもぶんどってやろうかとおもっていましたが、謝られ責任とるといわれ拍子抜けしました。ですがこの人と結婚することはどうしても考えられない、でも世間的に問題ないようにこの子を育てたいと思う私は今の選択しか出来なかったのです。本当に自分でもばかだなと思います。

困ったことに、今になって相手が許せないのです。夜になると憎しみと、娘と夫に対する罪悪感、自分の罪の重さに押しつぶされそうになります。

菩薩《ぼさつ》のような夫は気付いていて起きていてくれたり話を聞いてくれますが、もう一度相手に会ってなんか言わないと気が済まないような気持ちです。

「あのとき、どうして……」と何度も何て言おうか事前に脳内で繰り返してしまいます。

夫はもちろんこの子の人生に関わることだからと反対しています。私もそうおもいます。

私も覚悟をもって墓場までもっていくつもりです。ですが夜になるとどうしても気持ちが沈んでぐずぐず朝方まで悩んでしまうのです。

このままだと、自分の精神が壊れてしまうか、娘のこと愛せなくなってしまうんじゃないかと怖くなっているのですがどうしたら良いのでしょうか。

はじめて人に伝えるので文章拙《つたな》く、長くなってしまい申し訳ございません。

幡野さまの文章、とても好きなのでいつもついつい読んでしまいます。これからも楽しみにしております。（匿名25女性）

A

あまりにもすごい話でクラクラッとしました。ぼくがクラクラッとするぐらいだから、あなたの親族は気絶するんじゃない？　旦那さんの親族が知ったらあなたと離婚をするようにいうかもしれないから、黙っていたほうがいいでしょうね。

あなたも墓場までもっていく覚悟があるみたいで、意気込みはいいのだけど、でもあなたにはできないとおもいます。あなたが墓に入るまであと60年ぐらいあるけど、娘さんが生まれて1年も経ってないのに、このペースでは、墓場まで秘密を保つのは無理だとおもう。

編集でボカすとはおもうけど、この相談をあなたは本名で送ってるよね。心に余裕がなくなって視野が狭くなっているのかもしれないけど、覚悟と行動がまったく逆になってるから、もっと慎重になったほうがいいです。自分がうっかりさんであることを認識しましょう。

「このままだと、自分の精神が壊れてしまうか、娘のこと愛せなくなってしまうんじゃないかと怖くなっている」

現実的にそうなる可能性がとっっっても高いとおもいます。いまは菩薩《ぼさつ》のような旦那さんがいるから保てているんでしょうけど、旦那さんのような菩薩だって心の余裕が無限にあるわけじゃなくて、きっと耐えているよね。

菩薩ってなんか遠い目してるじゃん、あれたぶん誰かの苦しい話を聞きながら別のこと考えてるよ。誰かの心を支えるというのは、自分の心を削ることでもあるんです、でも削ったぶんがそのまま相手の心に上乗せされるわけでもないので、共倒れになることもあるんです。共倒れしないいい方法は、遠い目をして話を本気で聞かないということです。

旦那さんはきっと話を本気で聞いているから耐えています。菩薩のように見えるかもしれないし、たしかに菩薩のような人かもしれないけど、有限の心を削ってるよ。旦那さんは菩薩じゃなくて、良質な鰹節《かつおぶし》みたいな人だよ。


あなたの精神が壊れたときに、きっと旦那さんも耐えられずに誰かに相談します。そのときに想像がつくのは離婚をすすめられることです。そんなことはない。そうおもったとおもうけど、それはあなたの希望的観測です。

結婚を選んでくれたことで、旦那さんの愛情がうれしかったのだとおもいます。あなたはしあわせを感じたとおもいます。レイプしてきた相手のことをいまほど恨んでいなかったのは、そういう理由だとおもいます。

もしもいま相手に会ってあなたの苦しさを伝えても「じゃあなんでうんだの?」とかえ

されるでしょう。相手も疑問におもっていることだとおもいます。結果としてあなたの後悔がトッピングされます、よりによって自分をレイプした男に。

もちろん相手を許してやれってことじゃないよ。あなたの心に余裕があるなら、ぶん殴りにいけばいいし、警察に突き出せばいいし、裁判もすればいい。でも、今それをやったらきっとあなたは壊れてしまうと思います。

いまは育児の大変さもかさなって余裕がなくなり、恨みの矛先《ほこさき》が相手に向かってますけど、相手に会おうとおもえば会えるからですよね。相手が雲隠れをして手が届かなくなったとき、そして旦那さんと離婚をしたり不仲な状況になったとき、あなたの恨みの矛先は娘さんに向かいます。

あなたはすでに中絶していればと心の中で後悔をしているそうですが、それを娘さんにいってしまうでしょう。そして虐待をしてしまう可能性があります。

あなたは真面目で純粋な人なんだとおもうんです、別に褒めてるわけじゃありません。精神を崩しやすいとか、騙《だま》されやすいってことをいいたいんです。すこし悪くいうと真面目なバカなんです。

自己犠牲が正しいとおもっていたり、綺麗事を美しいとおもったり、正論が正義とおもってませんか？　中絶だって悪いことっておもってたでしょ。

世の中が全員アンパンマンみたいな献身的な世界ならそれもいいのかもしれないけど、世の中っていろんな人がいます。人生ってちょっと不真面目で、要領のよさをもちながら生きるぐらいの必要があります。

あなたの精神を壊さないこと、それから精神が壊れたときにどうするかということを、考えたほうがいいとおもいます。受験だって本命と滑り止めを受けるでしょ。なにか問題を解決するときは、最善の方法と最悪の対処の2つを用意したほうがいいです。

ぼくはなにか問題がおきたらこれで解決しています。がんになってもうまくやれるぐらいおすすめの問題解決法なんだけど、最悪を考えることに目を背《そむ》けてしまったり、物事を希望的観測でいい方向に見てしまう人にはあまり向いていません、つまりあなたのことです。

最悪を想定しつつ、ベストを目指してベターで落ち着くぐらいがいいとおもいます。ここはひとつ不真面目で要領よくいきましょう。

もし本当にあなたの精神が壊れてしまったとき、旦那さんと離婚したり不仲な状態に陥ったとき、旦那さんの精神まで崩れたとき、あなたや旦那さんの親族が事実を知ってあなたにたいして怒りの矛先を向けてきたとき、周囲の支援が断たれたと感じたとき、もし、あなたが本当に娘さんのことを愛せないと感じていたら、娘さんを手放すことを検討したほうがいいとぼくはおもいます。

児童福祉施設や特別養子縁組などを検討しましょう。ぼくは児童福祉施設にたまにいくのですが、親の精神状態の悪化で育児が困難になり施設にきた子どもはとても多いです。児童福祉施設にあずけて必ずしもあなたが救われるわけではありません、でも娘さんは救われます。少なくとも共倒れを避けられます。死ぬことを防げるという意味です。

経済的に必要ならば生活保護も利用しましょう。あなたはきっと生活保護も悪いことっておもってるだろうけど、生活保護が悪いとおもってる人が生活保護を必要としたときが大変です。

生活保護もギリギリまで耐えるのではなく、まだ余裕があるときから福祉とつながりながら準備を始めてください。ガソリンが完全になくなってから慌てて充電の少ないスマホでガソリンスタンドを探しても遅いです。

プレッシャーになっちゃうかもしれないけど、最悪を防ぐにはあなたが精神を壊さないことです。旦那さん以外に相談をできる人がいたほうがいいとおもうんです、でも友達だとか親族だとかママ友だとか職場の人だとか、そういう生活圏内の人はやめたほうがいいとおもいます、すぐに広まってしまうから。

この話を聞いた人はストレスをうけるんです。あなたを責めることでストレスの解消をする人もいます。そしてこの話であなたを責めることをたのしむ人だっているんです。

あなたの生活圏内で話が広まったときに、居場所がどんどん狭くなって、余計に苦しむことになります。娘さんが成長したときに、両親以外の誰かからこの事実を知らされて苦しむことになりかねません。

広まることを前提にして、生活圏内ではない人に相談したほうがいいので、子育て支援を専門にしている団体を探したり、信頼できるのであれば出産をした産婦人科の先生からそういうところを紹介してもらったりするのがいいとぼくはおもいます。

後悔をたくさんすればタイムスリップしてやり直せるわけじゃないし、これからの人生にいかせない限り、後悔で悩んでいることほど無駄なことはありません、無駄どころか返済しない借金みたいなもので利息だけが増えます。

後悔って簡単なんですよ、情報がすべてそろってどうなるか結末も知っていて、起こった事実にあーだこーだいう作業ですから。過去の自分といまの自分のセルフマウンティングなんです。大切なのはこれからを考えることです。

この話を聞いた人はストレスを感じるって書きましたけど、あなたのことを知ってる人同士がお茶に行けば、会話のネタはずっとこれでしょう。ストレス解消の簡単な手段が、人に話すということだからです。

なによりもあなた自身にいろいろな感情が渦巻きストレスを感じていて、誰かに話したいんでしょう。きっとこの相談だって、ぼくに聞いてほしかったんだとおもいます。ベストを目指しましょう、でも最悪もしっかり想定してね。

あなたのいちばんの理解者はスマホです

Q

私は理系大学院の修士1年です。就職活動をしているのですが、自分のやりたいこと、ものの見つけ方がわかりません。

自己分析をしたのですが、私の価値基準は全て他人に任せているということがわかりました。要するに、自分で何かを決めたことがない、やりたいものがないといった状況です。

今までの人生を振り返ってみても、自分の意志でこれをやりたいと決めたことはひとつもないように思います。

今の大学も、私は地元の国公立でいいかなと思っていたのですが、高校の担任に「受けてみたら？　受かる確率は低いし、宝くじみたいなもんだから」と言われ、今の大学のＡＯ入試を受けました。

結果、受かってしまい、自分の学力よりもだいぶいいところに進学させてもらいました。浪人してでも志望する大学に入りたいと頑張ってる人もいるのに、こんな志望動機もあまりない私みたいな人間が受かってもいいのかなと悩んだことを覚えています。

小学4年から大学4年まで続けたスポーツも、親から「運動部に入ったほうがいいよ」と言われて、父がやっていた競技にしました。

父の職場には部活があり、小さい頃から試合を見に行って身近だったのと、たぶんその競技をやったら父が喜んでくれるだろうと考えたのだと思います。

辛いときもあり、競技をやりたくないなあと考えたこともあったのですが、そう思った時には私のコミュニティがその競技関連のものしか残っていなかったこと、辞める勇気がなかったこと、親に「何かひとつのことを続けるというのはとても大事なことだよ」と教えられたこと、さまざまな理由があってダラダラと十数年続けました。

主将を任せていただいたこともあったのですが、特になにか結果を残せたわけでもないので、あまりいい思い出はありません。

本当に受動的で、ただ続けることに一生懸命で、考えて行動する力がないのだと思います。意思決定をした経験もなければ、それによる成功経験もないので、基本的に自分に自信がありません。

まわりの人が良いと言うか悪いと言うかという判断基準でここまできてしまった

ので、自分自身の判断基準というものが存在しません。やりたい・やりたくない、好き・嫌いの価値基準も自分はあまりよくわかってないのではないかと思います。

本当に友達や先輩がどうやってそういうのを決めているのかが分かりません。「あなたは何をしたいの?」と聞かれても「どうやって決めたらいいのかわからない、何かをしたいってなに??」というかんじです。

就活セミナーのようなもので、「あなたは自分をまわりと比べすぎだ、もっと自分自身に目を向けて」と言われたのですが、目を向けても自分には意志が何もない、全てをなんとなくこなしてきただけで考えて行動したことは何もない、というダメなところしか見えてこないため気持ちが暗くなってしまいます。

いい加減このようなウジウジ思考を辞めないと、就活も迫ってきているし、と考え、ズバッと回答してくださる幡野さんに喝《かつ》を入れてほしいと思い、相談させていただこうと思いました。よろしくお願いします。(匿名希望 23歳 女性)

A

喝《かつ》をいれるのって嫌いなんですよ。喝の意味って知ってます? 「大きな声で叱ること、おどすこと」だそうです。ぼくもいま知りました。

叱るときは小さな声でいいし、おどす必要もないよね。萎縮《いしゅく》するだけじゃん。だいたい大きな声で叱ってたら、それは叱りではなく、怒りとして受け取られるよね。人生相談で「喝をいれてほしい」というのはただのリクエストです。それはぼくの感情のコントロールでしかありません、めんどうくさいです。

ぼくはいつも正直に感じたことを書いているだけだけど、もしもぼくが誰かに喝を入れていると感じたのであれば、あなたの人生経験がそう感じさせているんでしょう。あなた自身が喝をいれられてきて、感情のコントロールをされてきた結果だとおもいます。

さいきん、『AERA dot.』で「ほがらか人生相談」を連載している鴻上尚史《こうかみしょうじ》さんとお会いしたんです。鴻上さんもぼくもたくさんの人生相談に目を通しています、そこで悩む人の特徴の話になったんですが、結論をいうと思考力が弱いことなんです。

誤解しないでね、バカにしているわけじゃないんですよ。でもそういう人は、ここで思考力が弱いとバカにされたと感じて、怒ったり落ち込んだりしてまた悩むのよ。鴻上さんもぼくも悩む人をバカにしているのではなくて、じゃあなんで思考力が弱いのかね？　と次の疑問を考えます。

鴻上さんは学校教育が原因だと考えていて、ぼくは家庭教育が原因だとおもっています。鴻上さんもぼくも子どものころにうける教育が原因なのだと考えています。あなたはそのダブルパンチで、自分のやりたいことがわからない、思考力のない大人にされたんだとおもいます。

あなたの親と学校の先生にとって、あなたのことを能動的で思考力がある大人に育てることが目的なのであれば、あなたのやりたいことを汲《く》み取るべきだったし、やりたいことを主張できるように促すべきだったでしょう。子どもの食べたいものを自分で選ばせるような教育です。

あなたを受動的で思考力のない大人にすることが目的だったのであれば、親と先生がした教育は成功です。あなたに考えさせないで、大人が答えを与え続けてきたんでしょう。大人が食べさせたいものを食べさせるような教育です。

親と先生の教育を跳ね返すチャンスが反抗期なんだとぼくはおもうんです。あなた反抗期もなかったでしょ、あなたって大人にとっては「いい子」なのよ。親にとっては周囲からうらやましがられる自慢の子ですよ、親があなたを褒めてくれたかどうかはまた別だけどね。

お母さんが、周囲の人があなたのことを褒めても「そんなことないですよ」って謙遜《けんそん》しつつ、オーバー謙遜して「うちの子なんて全然ダメで」ってあなたの目の前であなたのことをディスったことない？

自己肯定感の低さから褒められたかどうか疑問なんだけど、少なくともあなたの自主的な行動を褒められたことはなくて、親の指示に従ったときに褒められていたでしょ。

スポーツが好きなんじゃなくて、お父さんの気を引きたかったんだろうし、お父さんのことが好きで、褒めてほしくて嫌われたくなくて辞められなかったんでしょ。

お父さんのことは「父」、お母さんのことを「親」と書き分けてるけど、あなた本当はお母さんのこと苦手でしょ。これがどんどん嫌いになってくると、「彼女」とか「あの人」って書きかたになるんだよ。

あなたはいまになって、あせっているとおもうし不安でいっぱいだとおもうけど、本当は子どものころからあせっていて不安だったんだとおもうよ。不安を解消するための方法が、人のいうことを聞くいい子になる。ということだったんだとおもいます。

不安にさせてあせらせたときに答えを与えると、人をコントロールできるようになるの。それで、大人が食べさせたいものを食べさせるような教育も簡単になる。不安と答えがおまけのハッピーセットみたいなものだね。

オバケとか鬼がくるって不安をあおれば、部屋のおもちゃを片付けさせることだって簡単だよ、ぼくは息子に絶対にやらないけどね。オバケや鬼がうちにきたら、お父さんとお母さんと一緒にやっつけようって教えてます。

不安と答えのハッピーセットを悪用するとなんでもできちゃうのよ。オレオレ詐欺のように大金を奪うこともできるよ。

あなたみたいな不安と答えのハッピーセットを食べすぎた人って、たくさんいます。ぼくのところに届く大学生の悩みでいちばんおおいのが「やりたいことがわからない」です、めっちゃいっぱいいる。だいたいみんな就活の段階で気づくの。

なぜならみんな就活になったとたんに、親が自分で決めなさいって自主性を持たせようとするから。理由は、親は就活に参加できないし、就活のこともよくわからないからです。でも結局あなたが決めた職種や会社には口出しをします、黙ることはできないの。

すでに共依存に陥っている場合、あなたは親からの口出しがとても心地よくてホッとするの。親の決めたどっかの会社に就職して、結婚相手も親が満足しそうな人を選んでしまうと思うよ。

ず――っと親があなたの人生を決めるの、あなたは従う人生。子どもを産むように催促もするとおもう。なぜならよその親子と比べて、23年前にしあわせ競争をヨーイ……ドン!!　しているだけだから。

みんなあきもせず、よその子と自分の子どもを比べるよ。立つのが遅いとか、歩くのが遅いとか、しゃべるのが遅いとか、おむつがとれるのが遅いとか。それが就職や結婚や出産までず――っと続くの。ぼくはくだらないっておもっちゃう。

でも、あなたの親にたいする違和感はどんどん大きくなります、子どもがうまれたら自我みたいなものもできるの。そのころにはあなたも育児に悩んでよその子と比べちゃうの。あせりのピークがくるの、そしてそのあせりを解消する手段が、子どもに不安と答えのハッピーセットを食べさせることなのよ。

不思議なことに自分のことを考えられない人って、自分の子どものことは熱心に考えられるの。

そして、何十年か経って、あなたが不安と答えのハッピーセットを食べさせた、思考力のないあなたの子どもに、あなたの人生の最後を決められちゃいます。

そのときに子どもが自分の死を決めてくれるのがホッとするの。なぜならあなたは自分の最後を決められないから。80歳ぐらいで自分の最後が決められない終末期の患者さんってけっこういるよ。

自分の生きかたを誰かに決めてもらってきた人って、最後は自分の死にかたを誰かに決めてもらうのよ。もう死にたいっておもってるのに、機械とチューブで無理やり延命させられたり。まだ生きたいっておもってるのに、治療を止めて死なされちゃったり。死際《しにぎわ》に生き地獄を体験します。

あなたがこれから思考力を養うには、10年はかかるとおもう。就職まではまったくもって間に合わないよ。就職して典型的な指示待ち人間になって、たくさん喝をいれられるだろうね。

　でもね、指示待ち人間だって、ピースのハマる場所は必ずあるのよ、ペッパーくんだって役に立たないって不人気だったけど、はま寿司とかいくと活躍してるよ。うちの子どもはペッパーくんが好きで、はま寿司によくいくの。

　無意識に生きてたら一生思考力は養えないよ。だから23歳で気づいてよかったとおもう。10年経っても33歳、いまのぼくよりも若いから全然遅くはない、別に早くもないけど。

　ぼくは就職をして親と離れるのがいちばんいいとおもう、そして新しい環境で新しい人たちと出会ったほうがいい。思考力がないと相手の悪意にも気づきにくいから、パワハラ上司とブラック企業には要注意ね。

　スマホのアプリに何を入れてる？　アプリって好きなものしか入れないでしょ、ゲームでもなんでもいいから、それをたくさんやりなよ。10年前に戻って13歳になったとおもって、子どもが好きなことを取り戻しなよ。そしてゆっくりと反抗期をいまからはじめてみて、ゆっくりとね。

スマホのカメラでどんな写真撮ってる？　写真って好きなものしか撮らないの。美味しい料理とか好きな景色とか、ネコとか犬とか。それがあなたの好きなものだよ。あなたの好きなものはスマホにつまってる。あなたのいちばんの理解者はスマホだよ、親じゃないの。ぼくのいちばんの理解者もスマホです、妻でも子どもでもないの。

確実にまだ間に合うから、10年かけて人生を変えてみて。大変なことは重々承知の上なんだけど、ちょっとがんばってみて。がんばれって言葉はぼくは好きじゃないんだけど、これがぼくなりの精一杯の喝です。

不安と答えのハッピーセットをぼくがあなたに食べさせたんだけど、不安と答えのハッピーセットも、使いかたでいい方向に向かうと願ってます。

本書をお買い上げいただき、誠にありがとうございました。
質問にお答えいただけたら幸いです。

◎ご購入いただいた本のタイトルをご記入ください。

『　　　　　　　　　　　　　　　　　　　　　　　　　　　』

★著者へのメッセージ、または本書のご感想をお書きください。

●本書をお求めになった動機は？

①著者が好きだから　②タイトルにひかれて　③テーマにひかれて
④カバーにひかれて　⑤帯のコピーにひかれて　⑥新聞で見て
⑦インターネットで知って　⑧売れてるから／話題だから
⑨役に立ちそうだから

生年月日　西暦　　　年　　月　　日（　　歳）男・女

ご職業	①学生	②教員・研究職	③公務員	④農林漁業
	⑤専門・技術職	⑥自由業	⑦自営業	⑧会社役員
	⑨会社員	⑩専業主夫・主婦	⑪パート・アルバイト	
	⑫無職	⑬その他（		）

このハガキは差出有効期間を過ぎても料金受取人払でお送りいただけます。

ご記入いただきました個人情報については、許可なく他の目的で使用することはありません。ご協力ありがとうございました。

郵 便 は が き

料金受取人払郵便

代々木局承認

6948

差出有効期間
2020年11月9日
まで

1 5 1 8 7 9 0

203

東京都渋谷区千駄ヶ谷 4 - 9 - 7

（株）幻 冬 舎

書籍編集部宛

1518790203

ご住所 〒 都・道 府・県	
	フリガナ お名前
メール	

インターネットでも回答を受け付けております
http://www.gentosha.co.jp/e/

裏面のご感想を広告等、書籍の PR に使わせていただく場合がございます。

幻冬舎より、著者に関する新しいお知らせ・小社および関連会社、広告主からのご案内を送付することがあります。不要の場合は右の欄にレ印をご記入ください。

不要 □

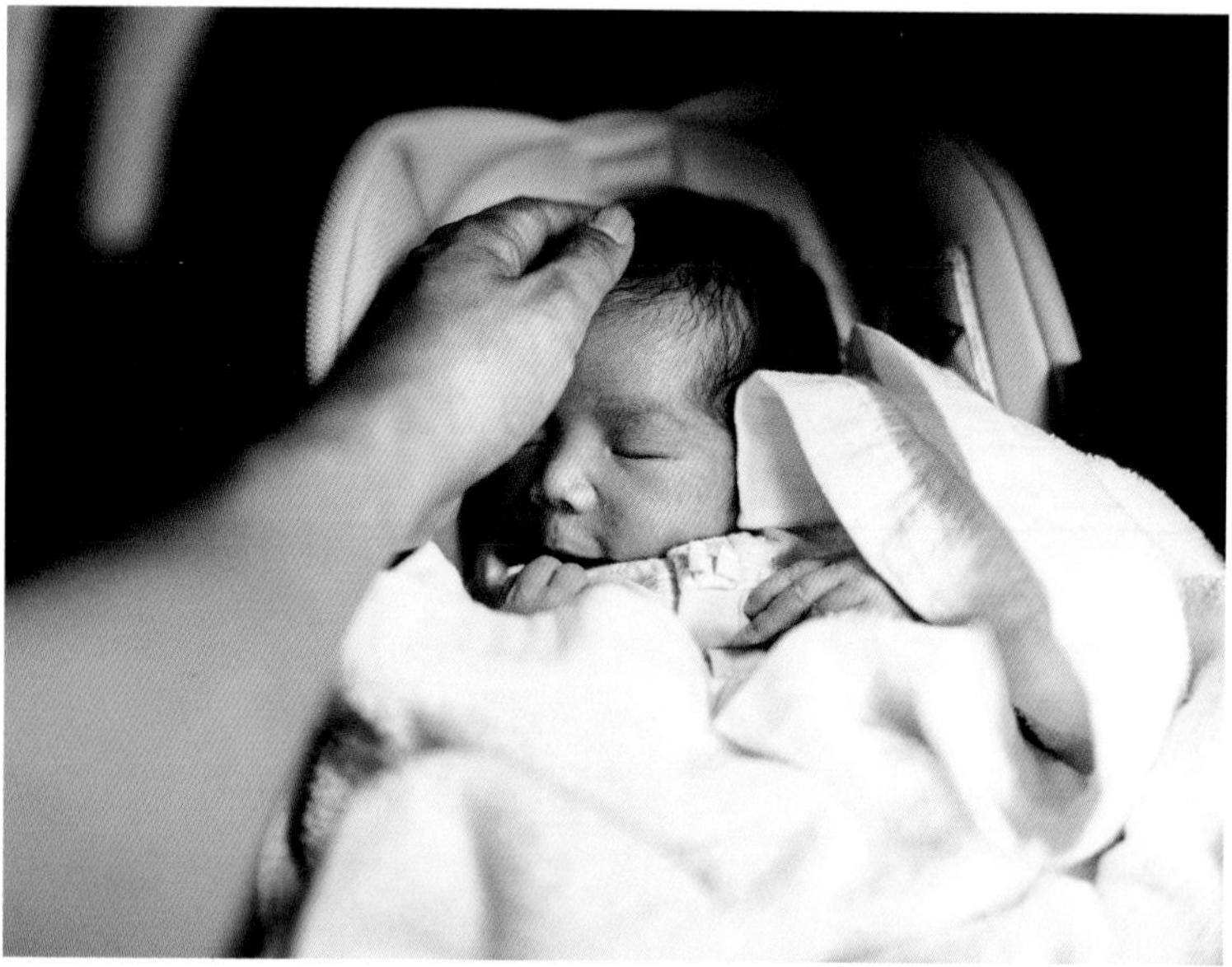

あなたの後悔は、子どものためじゃなくて自分のため

Q

幡野さん、こんにちは。

しょうもない悩みなのですが……我が子のニューボーンフォトを撮影しなかった事をすごく後悔しています。もう時間を取り戻せないと分かっているのですが、上手く感情を処理出来ずにいます。

妊娠時から撮影したいなと思っていたのですが、新生児にポーズをさせて撮影をする事が体に負担になるのでは？　と夫や親が乗り気ではなく、私自身も子の負担や費用の面も考え、押し切らずにそのまま新生児時代が過ぎました。

新生児の時の裸やサイズ感がよくわかる写真があまり残せていないこと、他の人がニューボーン撮影している写真を見ると、撮影しておけば良かったなと後悔の念が出てきてしまい、感情がうまく処理できません。

同じように、結婚式の映像を撮影しなかったことも後悔しています。私は写真や映像を沢山撮る癖があって、少し強迫観念的な部分もあると思います。

撮れなかった物、やらなかった事の後悔を軽減するにはどうしたら良いのでしょ

うか。アドバイスをいただきたいです。宜しくお願いいたします。（ゆき 32歳 女性）

A

写真の相談に答えるのってはじめてかも、写真家が人生相談やってて写真の相談に答えるのがはじめてって、なんだか変な話ですよね。

カメラの相談はいっぱいくるんです。なんのカメラどんなレンズどの設定がいいんですか？ って。なんのどんなどの的な質問がくると、メガネ選びとおなじだから好きにしなよっていつもおもいます。

いいカメラを使うからいい写真が撮れるわけじゃないんだけどね、いいフライパンを使ったら美味しい卵焼きができるわけじゃないでしょ、それとおなじです。みんな写真の上手さや正解を求めていて、誰かの答えを真似することだったり、ネットでバズった写真を真似することなんだけど、真似ができたときに成功したと勘違いするからよくないんですよ。

誰かの答えを真似するのはプロのカメラマンもおなじことで、ぼくは今年から取材を受けるときにプロカメラマンの撮影を断っているんです。プロといってもいろいろで、一流から四級までいるんです。写真のことを考えていないプロに撮られるほど、苦痛なことはありません。

取材されるときって、カメラのカタログにありそうな、カメラを笑顔で見つめてる姿を撮ろうとするんだけど、写真家がカメラを見つめることなんて、カメラが壊れたときぐらいですよ。だいたい深刻な表情になるし、そもそもカメラはほとんど壊れません。笑顔でカメラを持つことなんて、まずねーよ。オメーもカメラマンならわかるだろ。って心の中でおもってます。編集者とかデザイナーとか写真のプロ以外が撮ってくれるほうが悩んだりするぶん、むしろ良かったりします。

世の中には不幸な写真というのが存在します、被写体の人が見かえしたくない写真のことです。見るたびにストレスや居心地の悪さを感じるような写真です。

あなたはいま32歳ですけど、成人式のときに写真館で撮影しましたか？　その写真っていまでも見かえせたり、ＳＮＳにアップする自信ってありますか？　たぶんほとんどの人ができないとおもうんです。髪の毛をアップにして、ヘンテコリンなメイクされて、パキッパキの照明を当てられて、稼ぎどきにコミュニケーションを放棄したクリエーターの流れ作業の結晶が写真に残されます。キャッチコピーは「一生に一度」です。

その人にあったヘアスタイルとメイクをして、好きな服を着て友達とワイワイしている、20歳の日常を撮った写真のほうが圧倒的に見かえせるし、ＳＮＳにだってアップしやすいでしょう。中学校の卒業アルバムの個人写真だっておなじことです、何がいいんですかあれ？　おもわず目をそらしちゃうよね。

ニューボーンフォトって言葉をはじめて知って画像検索したけど、これ……何がいいんですか？　新生児のポーズの負担とか費用とかじゃなくて、写真として何がいいんですか？　落ち着いたトーンの布でタイトに巻かれた新生児が、丸いフワフワの上に乗せられて寝てるものばかりだけど、赤ちゃんが入れ替わっても気づかないよね。ニューボーンフォトって日本ではきっとここ数年のものだとおもうけど、被写体の新生児がよろこぶ写真ではないでしょうね。被写体の新生児が成長したときの顔とは似ても似つかないだろうし、新生児の写真みて「かわらない、そっくりー」なんてあんまりないでしょう。巻かれた布や敷かれたフワフワにも思い入れもないし、つまり誰の写真かわからないんですよ。

これじゃニューボーンフォトじゃなくて、金太郎飴フォトです。お金を払って撮った人もたくさんいるとはおもうけど、ぼくは写真としてあまりいいとはおもわないです。親が悪いわけじゃないよ、思考停止した金太郎飴カメラマンが悪いんだよ、まじで。

卒アルの個人写真や成人式の写真やニューボーンフォトも、よろこぶのは本人じゃなくて親なんですよ。親からすれば成長の記録ではあるから。そうなると写真の良し悪しは関係なく、被写体はおいてきぼりの金太郎飴フォトになりがちなの。

ぼくも息子がうまれてからたくさん写真を撮ってます。この相談の1ページ前の写真はうまれて10日後ぐらいだったんですけど、新生児って小さいじゃないですか。そしてすぐに新生児の顔は変わるし、うまれたばかりのころは頭の形も顔もエイリアンっぽいから、それがわからないように布で隠して、小ささを表現するためにぼくの手をいれたんです。ぼくが手を添えていることで、ぼくにとって大切な存在であることを、いつか見かえすであろう息子に伝えたかったんです。写真って考える作業なんですよ。何千枚と息子を撮影していますが、ぼくはこの写真がいちばん好きです。ぼくの写真集の表紙にも使っています。

金太郎飴カメラマンに依頼するぐらいなら、親であるあなたが撮ればいいんですよ。子どもを撮る場合はよっぽど技術が高い撮影者でないかぎり、親が撮ったほうがぼくはいいとおもいます。なぜなら子どもにとって親が撮ってくれたというだけで、その写真に価値が生まれるからです。

あなたがニューボーンフォトを撮らなかった後悔って、写真の良さうんぬんじゃなくて、周囲の人がやってて、自分がやっていない居心地の悪さだったり、とにかく子どものためじゃなくて自分のためでしょ。これはたぶんニューボーンフォト以外にもたくさん反映されちゃうから、気をつけたほうがいいですよ。

ぼくも写真をたくさん撮るクセがあるからよくわかるんです。でもこれは、写真家としての後悔ではあるんですが、ぼくは写真を撮りすぎました。大切な瞬間はカメラではなく眼で見るべきだったと、いまではすこし後悔をしています。

ぼくが撮影した息子の写真は、ぼくからすれば息子がいる情景の記録です。しかし息子の見ている情景はカメラを構えるお父さんです。お父さんの表情もわからない、お父さんと自分の間にいつもカメラがある。これは息子にとって寂しいことだとおもうんです。

もしかしたら息子がぼくの顔を知らないかもしれないですよ、ＮＯ ＭＯＲＥ映画泥棒に出てくるカメラの人みたいなかんじ。

子どもの写真を撮ることもいいんだけど、きっと子どもからすれば、眼で見ていてほしいって感じるとおもうんです。ぼくはここ最近はなるべく写真を撮らないで、眼でいろんなものを見ています。そして感じたことを、なるべく言葉にしています。

撮れなかったことでも、記憶に残ってるから言葉にできるじゃないですか。過去に戻れないので、後悔に意味はありません。写真に関しては次にいかすしかありません。

それでも自分の悩みや後悔をしょうもないことなんて考えなくていいです。悩みなんて他《ひ》人《と》事《ごと》になれば全部しょうもない悩みだし、自分事になれば全部たいへんなものです。

これから写真をたくさん撮るなら、好きなカメラを持ちましょう、中古でもなんでもいいです。そして好きな被写体を好きな場所で撮りましょう、海とか公園とか自宅とか。

ここからがすこし大切です。好きな光の時間帯に撮りましょう。早朝の光と昼間の光と、夕方の陽が落ちてから徐々に暗くなる時間帯はそれぞれ光が違います。写真は光があるからうつります、だから光がとても大切です。

夕日が好きでも、夕日を撮っていたら電球を撮ってることとおなじです。美しい夕日に照らされた被写体を撮りましょう。

好きな曜日や好きな季節や天気に撮りましょう。こうやってたくさんの好きを重ねると、あなたにとって好きな写真ができます。金太郎飴フォトでなく、あなたとお子さんでしか撮れない関係性で、好きなものをたくさん重ねましょう。

声をかけてポーズをとらせたり、笑顔を狙うだけが写真じゃありません。

最初は下手かもしれないけど、好きな写真が残せます。そして写真は自然と上達します、これは卵焼きを焼いた回数とおなじです。失敗と成功を繰り返せば上達します、味付けもトッピングも自分の好みでいいんです。

写真はいいものです、ぼくは写真家という生きかたを選んで良かったとおもってます。でも本当に大切なのはカメラを構えることではなく、眼でしっかりと見ることです。

離婚したければどんどん離婚しましょう

Q

主人が3年前からある難病にかかっています。

難病ですが、薬を飲みながら仕事もして普通の生活が送れています。

今日、職場の上司から病気で困っているなら……と上司が通っている治療院を勧められたそうです。

聞けばその治療院の代表が2〜3分体に手をかざすだけで良くなるそうです。あるあるですが、癌が治った人もいるそうです笑
どっからどう見ても怪しさしか無いので、私も主人に話をしたのですが、そんな変なものでも病気が治るなら行きたいし、この気持ちはお前にはわからないと言われました。

3歳の子供もいますし、説得は続けていくつもりですが、私が理解してくれないと勝手に行ってしまいそうで不安です。私自身が宗教三世で苦労したのもあり、万が一、主人がはまってしまったりする事があれば離婚も考えています。

主人の目を覚ます方法はあるのでしょうか？（匿名希望 37歳 女性）

A

2～3分だけ体に手をかざして治るなら、その先生の手から放射線が出ているのかもしれません。名前がわからないからアトム先生って呼びましょう。

放射線治療って、ぼくがやったときは1日に2～3分でした、それを40日間ぐらい。ぼくの場合は効果がとてもあって、病気になった後に下半身が麻痺《まひ》してしまったのだけど、いま歩けているのは放射線治療のおかげです。

放射線は体に限度量があるのか、ぼくはもう受けることはできません。だから病気が進行してまた下半身に麻痺がおきるような状態になったら、もう歩けないんですよ。

そうなったとしても、ぼくはアトム先生のところにはまず行かないでしょうね。冷静に考えればまず治療効果はありません。がんが治った人がいたというのが本当だとしても、標準治療と並行していただけでしょう、都合よくいいとこ取りしてるだけです。そもそもがんが治ったという謳《うた》い文句はインチキ治療の代名詞みたいなものです。

ぼくならアトム先生のところには行かないけど、もしもぼくがあなたの旦那さんの立場だったら、ぼくはたぶんアトム先生のところに行くとおもいます。いきなり意見が180度変わっちゃいましたけど、価値観だけでなく環境が違いすぎます。

ぼく自身もこういった効果のない民間療法やインチキ治療や食事療法など、たっっっくさん周囲の人からすすめられました。ぼくはその度にお断りをして一件もやってないのだけど、お断りするとどうなるかっていうと、相手から恨みを買うんですよ。

相手からすると善意でやっていることなので、善意を踏みにじられたと捉えます。相手は感謝の言葉を期待しているので、断るとだいたい怒ります。相手にとってはアイデンティティの否定にも繋がることなので、仕返しのように人格否定をされます。

地獄に落ちるよ、みたいな根拠のない不安を煽って呪いの言葉をかけられます。「地獄にいったことあるの?」ってぼくはいいかえせるけど、やっぱり無駄に疲れます。

あなたの旦那さんの年齢がわからないけど、あなたとそんなに変わらないとしたら、年齢的なことも病気のこともあるので、再就職は難しいと考えているとおもいます。

ぼくはフリーランスで働いているので、いろんな会社と仕事をして収入源は一ヶ所ではないわけです。本業の撮影とは別に、こうやって文章を書いたりして収入を分散させてもいます。収入の分散はぼくにとってリスクの分散です、そういう環境です。

旦那さんは会社員で収入は一ヶ所、どんな難病かも勤続年数も年収もわからないけど、経験や立場をそれなりに積んだ会社を辞めることになったとき、転職して一からがんばろうという心理にはなかなかならないでしょう。病人の方がいちばん直面する問題って収入の心配です。

その環境で上司からすすめられた治療院を断れるかといえば、難しいでしょうね。というか断ったときのデメリットが大きすぎます。上司の善意を踏みにじって、恨みを買ったときに大変ですよ。

ボーナスの査定にも影響があるかもしれないし、病気のことを誰かにペラペラ喋るかもしれないし、通院の都合や体調が悪いときでも休ませないように嫌味をいうかもしれないし、わざとキツい業務を与えるかもしれないし。ようは肩身が狭くなってしまう可能性があり、そうなったとしても辞めることはできないわけです。

そんなアホな上司かわからないかもしれないけど、アトム先生を部下にすすめる上司って、ぼくからすればアホ上司です。

だからぼくが旦那さんの立場ならアトム先生の治療をうけます。100%効かないし、治療費も毎月1万円から2万円かかるとおもうけど、アホ上司にウソでも感謝の言葉を述べて通い続けます。

そうすればアホ上司から好かれます、好かれればボーナスの査定にも影響があるだろうし。仕事にも融通《ゆうずう》をきかせてくれそうじゃないですか。会社員の立場でアホ上司と戦うと疲れるけど、アホ上司に守ってもらえるなら、それに越したことはありません。

旦那さんは治療効果を求めているのだろうけど、ぼくからすればパワハラのリスクを抑えることが最大の効果だとおもいます。

そして何よりも、あなたと旦那さんの関係性がもう悪いものになっているんだとおもいます。

ぼくは病人がいってはいけない言葉があるとおもいます。「お前にはわからないでしょ」という言葉です。家族にたいしても医療者にたいしてもいってはいけません。

相手は体験していないんですから反論ができません。相手の口を塞ぐのにはとても有効な言葉ですが、孤立を生むだけで、味方にするべき相手を遠ざけるだけです。これは理解をしてくれるという期待が外れた結果なんですが、病人は自分の苦しみは第三者には理解されないということを、まずは理解したほうがぼくはいいとおもいます。

それにたいして、医療者の一部や家族のかたも自分なら理解できると勘違いしてしまうんだけど、理解できないということを、まずは理解したほうがいいんですよね。患者は理解されない、医療者や家族は理解できないということをお互いにまずは理解して、その上で協力することが必要なんです。断絶することじゃない。

「難病ですが、薬を飲みながら仕事もして普通の生活が送れています」って書いていますけど、そんなわけねーじゃん。健康体のころとは違うんです、旦那さんは絶望の淵にいるって。あなたが理解できていない証拠ですよ。

残念だけどアホ上司のほうが旦那さんのことを理解できちゃってるの。そこでアトム先生をすすめてしまうのが不幸なんだけど。

あなたがすでに離婚を考えているのであれば、それはまったく悪い選択ではないですよ。病人が苦しさを家族にぶつけることで、家族へ悪影響を与えるのは必ずありますもん、これは家族から病人にたいしてもそうだけど。すでに悪循環に陥ってるとおもうよ。

ぼくも病気になったとき一度だけ妻と大喧嘩《おおげんか》をしました、過去最大の夫婦喧嘩だったとおもいます。悪影響を被ったのは子どもだし、自殺を考えたのもこのときです。それでいいことが何かあったかといえば、とくに何もありません。雨降って地固まるみたいなことよりも、大雨で土砂崩れして子どもがのみこまれるリスクのほうがよっぽど危険です。

あなたが旦那さんに苦しんで、旦那さんがあなたに苦しんで、お子さんに悪影響を及ぼすぐらいなら、離婚だってまったく悪い手段ではありません。離婚したければどんどん離婚しましょう。きっとあなたのことを悪くいう人っているとおもうけど、気にしなくていいよ。その人はあなたじゃないし。それこそ「この気持ちはあなたにはわからない」でしょう。

ただ、あなたが宗教三世で苦労したことも、また旦那さんには理解できないし、そもそも旦那さんの病気とはまったくの別問題です。旦那さんからすればそんなことを持ち出されれば理不尽な話です。

病気になった人が孤独感ゆえに何かにすがりたくなる気持ちはよくわかります。孤独は、標準治療の医療者でも家族でもケアすることが難しいからです。

あなたの説得って旦那さんからすればただの否定だから、もしも説得するなら太陽と北風の話みたいに与えるという考えで説得してみてください。正直なところ、月1万〜2万円で済みそうならアトム先生にお願いしちゃうほうがラクだとおもうよ。標準治療は続けさせないといけないけど、せいぜい1年ぐらいで旦那さんも気づくでしょう。

ちなみにぼくは病気になった当初、月に2万円のインチキ治療やサプリメントを3年間やったと想定して、70万円の予算で外国製のベッドを購入しました。シングルベッドを2つつなげてキングサイズにして家族で川の字で寝ています。シングルをつなげているから真ん中の息子がだんだんと割れ目に沈んでいくの。

ぼくは病気になってから、体力の回復は睡眠でしか補えないと感じました。睡眠の質を向上するために購入しました、買って正解です。収入の確保もしっかり考えつつ、支出についてもやっぱりしっかりと考えたほうがいいです。

20万でアトム先生にお願いして、アホ上司からは嫌われず、あなたも説得の手間や旦那さんに好きなことをさせたという実績までつくれる。ぼくは決して高いとはおもいません。旦那さんの孤独と不安のケアをするのがベストだけど、なかなか大変だとおもうよ。あなたの価値観を押し付けることじゃなくて、旦那さんのやりたいことをやらせたり、旦那さんの価値観を肯定することです。

あなたの価値観を押し付ければボタンのかけ違いを増やすだけだから、離婚も視野にいれて。土砂崩れしたら本末転倒だから、乾燥するぐらいドライに話し合ってみてください。

アホ上司がアホなんだけど、旦那さんはアホ上司とアトム先生に心をひかれていて、あなたに「お前には理解できない」といってるわけです。その心理の原因や現実に目をむけてください。

その妊娠は奇跡と呼べない

Q

いつか目に止まるといいな、と思いながら
今回も投稿させていただきます。
私は未婚シングルマザー、
水商売をしていて
実家とは仲が悪くお金や物などを渡して
仕事の間は子供を見てもらっていました。
仲が特別悪いというか、
俗に言う【毒親】ってやつなのかなと。
でもその環境で育ってきてしまった自分も
結局はまた子供に対して【毒親】のような
感じになっているような気がします。
水商売で夜も一緒に眠れないのもですが
同業で2年ほどお付き合いし

１年ほど３人で暮らしていた彼がいて
その彼といろんなことがこじれ
一旦は出て行っているものの
子供が懐《なつ》いていて
ふとした時にも名前を呼ぶのが辛いです。
そしてこんな状態でずるずるしている中、
子供が出来たとの結果が出ました。
１００％彼の子です。
ですが別れ話も進みダラダラとやりとりをしている中で
今は産めない、無理だ、と言われてしまい
わたしも感情論で
では費用を……と言う話になりましたが
元々流産し、そこから不妊になっていたので
子作りはしていたものの諦めがほぼだった為
検査薬が反応したことですら
奇跡だと思っています。

お互いの責任なので半分払う、と
言ってきていますが
本当にたかが数万円で
責任を取ったことになるのかなあ、や
今まであれだけほしくても出来なかったのに
出来たことに素直に喜べる環境が良かったなぁ、や
どこかで喜んでくれるんじゃないかなあという感情が拭《ぬぐ》えず
接客業なのに公私混同してしまい
少しでも暇な時間ができると涙が出る始末です。
今の状況で金銭的にも体力、精神的にも
１人で２人を見るのは無理です。
実際第一子に対しても
もうある程度の意思疎通は取れますが
日頃の疲れが優先してしまい
イヤイヤ期もあって常に怒りっぱなしです。
それこそ以前記事にされていた

虐待ぐらいの勢いで。
こんな人間が子作りすることすら
間違っていたのかもしれませんし
そういう無責任な人と
わかっていながらも信じていたのが
馬鹿なのかもしれませんが
わたしも感情が荒ぶって
本当に伝えたいことが一向に伝わりません。
ラインでも直接話しても
思っている事を話す前に
相手と会話していると
どうしても自己都合の話や
こちら側の話を聞いてくれていない気がして
ピリピリした結果悪循環です。
相談というよりも
ただぶつけた、というだけにしかなりませんが

どうしたら、、、
いい方向にいくのかな、と考えております。
陽性反応を見て第一の感想は
涙が出るほど嬉しかったので
彼にもそう思って欲しかったのですが
もう無理でしょうか、
命ってお金を払えば消してもチャラなのでしょうか。（R 21歳 女性）

A

妊娠がわかったときに涙がでるほどうれしかった気持ちは疑う余地のないことなんだけど、なんでさいしょのお子さんには虐待をしているの？

「虐待ぐらいの勢い」ってあなたは濁《にご》して書いているけど、ほんとうはやってはいけないって自覚があるぐらい虐待しちゃってるでしょ。でも、虐待をしているって認識があるだけかなり救いがあるよ、ほんとうにヤバイ人って虐待の認識がまずないもん。

日頃の疲れとかそういうことはもちろんぼくだってわかるんだけど、それを子どもにぶつけるのはただの憂さ晴らしだからね。命はお金を払えばチャラだとか、責任だとかごもっともな倫理観への疑問もいいのだけど、自分がいまなにをしているか認識して、その上でこれからどうするかをよく考えましょう。

あなたが水商売をしているからこういうことをいうわけじゃないから誤解をしないでね。ぼくが職業差別をしていると誤解されたくないということじゃなくて、あなたが自分の職業や世間のイメージのようなもののせいで責められているのだ、と誤解しないでほしいという意味です。あなたが公務員だっておなじことをいってます。

あなたが妊娠をよろこんだのは、離れていってしまった彼が戻ってきてくれて、結婚をできるかもしれないとおもったからじゃないですか。あなたが好きなのは彼であって、子どもじゃないとおもうよ。

あなたは子どもがほしいのではなくて、いまのお子さんと二人っきりの生活が耐えられないんでしょう。子どもがいるけど孤独を感じているから、あなたがほしいのは自分が愛されているという実感なんだとおもいます。自分が愛されることを求めるのはまったく悪いことじゃないんだけど、変な方向にいってしまうと、子どもが邪魔な存在になってしまうから気をつけてね。

あなたにとっての理想は、彼と結婚して第二子を出産して家庭を築くってことだけど、これは難しいとおもいます。少なくとも彼があなたのもとに戻ってくることは可能性として低いでしょう。

職業差別って捉えられても仕方ないけど、彼が同業ってことは現役のホストだよね。ホストの彼はあなたから逃げたくて仕方ないんじゃないかな。中絶費用を半分支払ってバイバイってのが彼の理想です。

それに彼の子どもを妊娠したことで涙がでるほどうれしかったのに、さいしょのお子さんには虐待の勢いで接しているのであれば、きょうだいで差をつける育児になっちゃうとおもうよ。片方の子どもを虐待して、片方の子どもを可愛がるケースってあるあるです。

彼は父親になるよりも女性と遊んでいたいだろうし、お金だって自由に使いたいだろうし。生活のために水商売や風俗で働くという女性はけっこういるけど、生活のためにホストになる男性ってほとんどいないんじゃないかな。

多くのホストは女に貢いでほしいとか一攫千金《いつかくせんきん》だとかを夢みていて、生活のためじゃなくて生活を輝かせるためにやっているわけです。そういう意味じゃ、あなたも彼にとって夢の一部だったんだよ。

「お互いの責任なので半分払う、と言ってきていますが」ってあるけど彼の頭の中にあるのは脳じゃなくて、精子をつくる白子なんだとおもう。あなたは彼とのセックスが子作りという視点だったかもしれないけど、彼からすれば遠慮なく避妊せずにセックスができるという快楽的な白子の視点だったんだとおもいます。

あなたは妊娠を奇跡っておもってるかもしれないけど、彼からすれば災難だとおもってるよ。それくらいあなたと彼の視点って違うし、彼が妊娠をよろこんでいるとはぼくにはおもえません。

そして正直なところ、あなたが妊娠したことも奇跡だとはぼくはおもいません、セックスせずに妊娠したらさすがに奇跡かもしれないけど、あなたは中絶をしたくないから奇跡ってことにしたいだけで、奇跡を都合よく解釈しちゃダメだよ。

このまま未婚で出産をしようが、中絶をしようがあなたが決めることなんだけど、未婚シングルマザーで父親の違う二人の子どもがいる女性は、家庭的なマスオさんみたいなタイプからは敬遠されて、欲望にかられた白子が寄ってくるでしょう。

どちらにしてもあなたに必要なのは、ルールを知るということだとおもうんです。あなたの親だって彼だってあなたのことは守ってくれないの。あなたのことを守ってくれるのはあなたしかなくて、じゃあどうやって身を守るかというと、ルールを知ることなんです。

ルールって法律です。日本に住んでいる以上は、日本の法律がいちばん強いの。法律は行動力のない人を守ってくれるわけじゃなくて、行動力のある人を守るんです。法律を知らない人を守るんじゃなくて、法律を知っている人を守るんです。すこし極端なことをいうと、情報に弱い人を守るんじゃなくて、情報に強い人を守ります。

法律を知ったぐらいで、なにから守ってもらえるんだっておもうでしょ？　法律を守らない人から身を守ることができるんです。さいしょのお子さんの父親からちゃんと養育費をもらっていますか？　養育費って請求しないと相手は払わないからね。口座を差し押さえることを前提に請求しましょう。

もしもあなたが出産を選ぶのだとしたら、彼には必ず認知をしてもらいましょう。認知されると養育費の請求ができるし、相続権だって発生するの。認知されないと金銭的な問題に拍車がかかるからね。

白子の彼だって、他の白子から認知するなって入れ知恵されている可能性もあるから、「子どもに戸籍上の父親がいないのはかわいそう」とか、泣き落としみたいなものでいいから、認知してもらってください。

確定申告って言葉をよく聞くでしょ。自分の給料明細をよく見てほしいんだけど、源泉徴収って名目で10％ぐらい天引きされてない？　というか水商売なら間違いなく引かれているとおもう。

あなたの給料からいつも10%ぐらい天引きされているのだけど、確定申告をすることでこれを取り戻すことができるの。お化粧したり髪の毛を切ったりネイルをしたり、自分を磨くためにいろいろとお金ってかかるでしょ。

でもそれは水商売の仕事をするために必要なお金なんだから、領収書をとっておいて確定申告をすれば、天引きされたお金が戻ってくるんだよ。上手に確定申告して納めすぎた税金を取り戻しましょう。

公務員やってる21歳の女性よりもあなたのほうがずっと稼ぐことができる、でも水商売という仕事柄、あなたが年齢を重ねれば重ねるほど収入は減っていくの。だからいまのうちにどんどんお金を稼ぐべきなの。

生活費に困らない程度の貯蓄ができたら、どんどん手堅い投資をしてほしい。１０００万円を投資して1年間に3%の利益を出すだけで30万円の利益だからね。そして年齢を重ねたときに、仕事にいかせる資格があるなら取得したり、勉強をしたり、自分にも投資してほしい。

毒親のお母さんに渡したり、ホスト遊びなんかするのは無駄づかいなんだよ。お金に余裕を持つことで、働く日数や時間を減らすことができるの。それで日々の疲れも軽減できるし、子どもにイライラをぶつけてしまうことだって防げるかもしれない。

あなたが避けるべきは金銭的な困窮なの、まずはお金なんだ。お金の部分が解決できれば、体力的なことも精神的なことも解決できる可能性がグッと上がる。

シングルマザーを支援する制度だってたくさんある。自治体によっては家賃の補助だってあるんだよ。子どもを育てられないとか虐待をしてしまうのであれば、そういう親を救済する仕組みだってもちろんある。でもその制度の存在を知らないと利用もできないよね。だからたくさんのルールや制度をまずは知るの。

税金だとか法律だとか、投資だとか支援制度だとかって難しいよね。それぞれのプロがいるからわざわざ勉強する必要はないよ。病気や薬のことを知らなくても病院に行けばいいでしょ、それと一緒。あなたは存在を知るだけでいいの。

あなたみたいな人を助けたいって人がたくさんいるから、助けてもらえばいい。それも知っていてください。あ、でも儲け話とかは一切信じちゃだめだよ。簡単に儲けられる儲け話があなたのところにくることは絶対にないと思っていたほうがいいよ。

あとはお金を持った太い客をつかまえて効率よくどんどん稼ぐの、結婚したくなるようなマスオさんみたいな男性と出会う可能性だってある。メソメソしていたり暗い顔してたら太い客もマスオさんもつかまえられないから、シャキッとしよう。

メソメソしていると、白子みたいなモラハラ気質の自信のない変な男に自信を与えちゃうから気をつけてね。

ストーカーもDV男も毒親も愛を語る

Q

こんにちは。

どこにも相談できず、でも誰かに聞いてもらいたくてこちらに投稿させていただきます。このような内容ですみません。

親への一番の復讐は、自殺することでしょうか。

私は両親と血が繋がっているという事実がどうしようもなく苦しいです。昔から両親との関係は悪いです。姉と弟がおりますが、私とだけ良い関係は築けませんでした。

昔から、どんな話し方をしても、話し方がキツい、お前は人間の心がない、だから友達もいない、などと言われてきました。

干渉も激しく、何をするにも事細かに報告を求められ、進路や受験に関しても様々なことを言われました。

目指していた大学に落ちた時に、落ちてよかったんじゃない、と言われたり、先に試験結果を見られたり、不信感を抱きながら生きてきました。

私は教師を目指し、講師として勤めながら試験勉強をしているのですが、先日、親から、お前みたいなやつは教師にはなれない、子供を心の底から可哀想に思う、と言われてしまいました。

また、試験に落ちてあたりまえだ、とも言われました。今まで色んなことを我慢してきましたが、突然耐えられなくなりました。悲しいです。

憎いです。私はよく出来た娘で、望むような子供では、なかったかもしれないけど、どうしてここまで責められ否定されるのか辛い気持ちでいっぱいです。

そこで私は両親に復讐したいと思ってしまいました。

気軽に自殺をする、なんて言ってはいけないことだとは理解しています。

でもどうしても復讐したい、苦しませたいと思ってしまいました。

両親には、娘を自殺させたという事実を背負わせ、また私たちは外から見たら仲の良い家族を演じられているため、近所の世間体等社会的ダメージも大きいと思います。

一番の復讐は、やりたいことをやって親をわすれるくらい幸せになることだ、と言われるかもしれません。

ですが、私の両親は、自分たちの育て方がよかったからだと思うと思います。私は永遠に苦しんで欲しい。

子供が親に復讐するなら、一番どのような方法がいいのでしょうか。

このような不快な内容ですみません。

最後まで目を通していただき、ありがとうございます。（A 22歳 女性）

Q

5歳の子どもの母親です。おそらく、こういう質問はたくさんきていると思うので申し訳ありませんが、送らせてもらいます。

子育てをしんどいと思いだしたのは、子どもが4歳になってからでした。

新生児期は、よく寝てくれる子だったので、今思えばワンオペ以外そこまで苦労したこともありませんでした。2、3歳はとにかくかわいいだけで過ぎていったと思います。

でも4歳くらいから、大人びた性格もあってか、私と口喧嘩することが増えました。私のマネをして使ってくる言葉に、大人気なくイラだち、手をあげたこともあります。旦那には言えません。

「これは虐待だな」と自覚しながら、ひどい言葉が止まらなくなります。5歳の子に、どうしてそこまで言う必要があるのかと思いながらも、一度怒ると止まりません。

「ママ、私のこときらいなの？」と、涙を目にためて言われたときは、ふたりで抱き合ってわんわん泣きました。５歳だけど、この子にだって尊厳があるんですよね。私は、親になるべき人間じゃなかったと思います。

　夜眠っている子どもの顔を見て、明日は怒らず過ごそうと思っても無理です。一瞬で沸点になります。

　子どものこと、もちろん愛しています。毎日そのことも伝えています。子どもも、そう思ってくれていると思います。だけど、私のしていることは、親として人として、真っ当なことなのか全く自信がありません。（たけのこ　女性）

A

　いつもたくさんの相談が届くんですけど、どの相談に答えるかいつも悩むんですよ。ぼくは日常でまったく悩みを抱えずに死にかけていて、悩み相談の連載でどれに答えるか悩むって、けっこう皮肉めいた話ですよね。

　ハンバーグも寿司もうどんもパスタも、なんでもあるようなファミレスのメニューの中から選ぶのを悩むというものにすこし似ているんですけど、相談文に目をとおしていると、ファミレスメニューの宣伝文とは違う切実さに、いつも胸が痛くなるんです。

Aさんとたけのこさんの相談のどちらに答えようか最後まで悩んでいて、ラーメンとチャーハンのセットみたいな感じで一緒に答えてしまえばいいやって書き始めたけど、編集者さんにはなにも伝えていない上に、締め切りを大幅に遅れているのでかなり心配です。ラストオーダーがとっくに終わってるのに、メニューにない注文をしてくるような迷惑な客みたいなことをしています。

まずAさん、一般的な倫理観から外れていることを自覚しているのですが、ぼくは自殺する人を止めません。自殺をしたいって考えるまでに至った人のことを否定したくないからです。

自殺を選ぶ人って、なにかしらに否定され続けてきた人なんだとぼくはおもうんです。社会から否定されたり、運命から否定されたりいろいろなものがあるけど、あなたの場合は両親からの否定なんですよね。

否定され続けてきて自殺を考えるに至ったのに、自殺まで否定していたら、よけいにつらいとおもうんです。自殺をしたい人に「自殺はしちゃダメだ」って言葉をかけるのってぼくは逆効果だとおもうんです。その言葉でさらに生き地獄に追い詰めるだけだとおもうんです。

だから、あなたの自殺したいという気持ちを大切にしてください。自分で否定する必要もありません、復讐が動機だとしてもです。

ただ、自殺はいちばんの復讐ではありません、「あなたがしあわせになることがいちばんの復讐だ」なんてJ－POPなことをいいたいわけじゃなくて、自殺だけでは不完全ということです。

あなたの両親の場合、お姉さんと弟さんにはきつく接していなかったわけです。近所からも仲のいい家族と見られているわけです。あなたが自殺をしたら両親は周囲から励まされてしまいます。あなたがただ自殺をすれば、あなたの両親は永遠に苦しむことはなく、あなたがおかしい子どもだったと処理されてしまいます。

だから、あなたは死んだあとも否定されちゃうとおもうんです。

じゃあどうすればいいかというと、LINEでも遺書でもなんでもいいんですけど、両親にたいして「あなたたちのせいで死ぬ」ということを明確に伝えてください。これで後悔をさせることができます。

その上でさらに「あなたたちのことをあの世から呪《のろ》う」とも伝えましょう。これで不安をあたえることができます。たとえば両親がおおきな病気をしたとか、事故とか怪我をしたとか、そういう不運なことがあったときに、あなたの呪いだと考えます。

たぶん、この効果を想像できる人や知っている人は、とんでもないことを教えたって、怒るとおもうんです。それだけ不安を植え付けるというのは効果的なことなんです。あなたの自殺によって、周囲の励ましを吹き飛ばすぐらい明確に後悔と呪いを植え付けることが、いちばんの復讐でしょう。たぶんこれであなたの両親の人生と精神は狂います。

　でもこれは最後の手段にしてください、いきなり核爆弾をつかうようなものです。やろうとおもえば今日でも明日にでも決行できることですが、いつでも決行できるからこそ、急がずにすこしのんびりと考えてみてください。最後の手段を心のうちにひめていれば、またすこし視点が変わるとおもうんです。

　ぼくはあなたにこれをやってほしいわけじゃありません、死んでほしいわけではないんです、身勝手な話だけど生きてほしいとおもっています。あなたの親の言葉は呪いなんですよ。あなたはずっと呪いをかけつづけられてたの。だからもう親の言葉を信じなくていいんです。

　最終的にはあなたのほうが圧倒的に強いんです。だからできれば小出しにした復讐を最初はしてください、「あなたたちのことが嫌いだから家を出る」ぐらいがまずはいいとおもいます。そのために経済的な自立も必要です。

あなたとおなじ苦しみを抱える子どもは、はっきりいってめちゃくちゃおおいです。あなたが教師になって、たくさんの子どもにかかった呪いを解いてくれないかとぼくは心の底から願います。あなたに教わる子どもがかわいそうなんて、呪いの言葉ですよ。信じちゃダメです。

これはいちばんの復讐ではないけど、あなたにとってのいちばんのしあわせだとおもいます。

そして、たけのこさん。あなたのお子さんの将来がＡさんだとおもってください。あなたがお子さんのことを愛しているのは信じています、まったく疑っていません。

だってストーカーだって愛を語るじゃないですか、虐待死させてしまった親だって愛を語ります。そして毒親も愛を語るんです。Ａさんの両親もそうなんですよ、周囲の人には子どもへの愛をきっと語っています。

みんな愛は愛なんだけど、歪《ゆが》んだ愛なんですよね。

愛があれば免罪符《めんざいふ》になるわけじゃありません。あなたがしていることは、お子さんが望んでいることではありません。あなただってストーカーから愛されたらうれしいですか？

毒親とストーカーってよく似てるの、異常に相手のこと愛してるんですよね。

あなたがやってることは真っ当なことではなく、大間違いなので、自信なんて持っちゃダメですよ。間違いに自信を持ったのがAさんの親です。

毎日愛を語りつつ、一瞬で怒りの沸点になって虐待をする。お子さんからすれば混乱をしているでしょう。お子さんはあなたの顔色を窺っていて、怒られないように怯えています。あなたが愛を語っているときは安心をします。

DV男が彼女をボコボコにしたあとに、泣いて謝りながら愛してるんだっていってるのと変わらないですよ。周囲が彼女にそんな男別れなよっていっても愛情の部分があるから別れられなくて共依存になっちゃうの。

ここでの相談でもたくさんくるし、育児系のメディアでもたまに取材をうけたり、育児系のコラムとかもやってるので、子どもをつい過剰に怒鳴ってしまうというママの悩みはそれなりに耳にするんです。

あなたを擁護《ようご》してくれるママさんたちってたくさんいるとおもうんです、ただいつも気になるのは、みんなママの被害には敏感で、子どもへの被害には鈍感なんですよね。

ワンオペに至ってしまう問題や夫の育児不参加、周囲からの孤立、社会からのプレッシャーなど、ママの大変さはぼくの想像以上にあるんだとおもいます。その上ではっきりといいますが、どんな事情があろうと親の大変さやイライラを子どもにぶつけるのは間違いです。それは憂さ晴らしです。

あなたの5歳のお子さんは大人びた性格かもしれないけど、あなたが子どもじみた性格なんです。子どものことをゆるしてください、だってまだ子どもじゃないですか。まだ地球にきて5年ですよ、わからないことだらけだし、できないことだってたくさんあるでしょ。

あなたは大人だから、子どもよりもゆるされないことってたくさんあるんです。犯罪行為ってその代表みたいなもんじゃないですか、２０２０年4月から体罰は法律違反になりました。あなたのやっていることは、立派な法律違反なんです。

ぼくはAさんが成人しているから、自殺に後悔と呪いという手段を教えましたが、もしもぼくがあなたのお子さんから相談されたら、あなたを逮捕させる方法を教えるとおもいますよ。

いまは5歳だからお子さんのほうが圧倒的に弱いの。あなたは自分が苦しいから自分が弱いっておもってるかもしれないけど、無抵抗の弱者をボコボコにしてるの。でも十数年もすれば逆転してあなたのほうが圧倒的に弱くなるんですよ。そのときに最悪の場合、復讐をされるんですよ。

毒親に育てられた子どもというのは、一生ひきずるんです。人生におおきな影響を与えるの。Aさんの相談を読めばそれはわかるでしょ。あなたが気づいたように子どもにも当然、尊厳があるんです。

女性や高齢者や子どもや障がい者や病人って、社会から弱者というみられかたをされるけど、それぞれ尊厳のある一人の人間なんです。

このまま10年続けてしまったら、お子さんの一生をあなたが壊します。それが嫌なら怒るのをすこしやめましょう、アンガーコントロールを学んだり、メンタルクリニックで相談したり、旦那さんに相談をしてみたりどんな手段を使ってでも、虐待をやめましょう。否定するのをやめましょう、肯定するだけでいいんです。

お子さんのことを、子どもだから仕方ないってあきらめましょう。あなたは世間の目をプレッシャーに感じて、いいママを目指しているのだろうけど、あなたが気にするべきは子どもの目ですよ。

人から好かれるいちばんの方法は自分が好きになること

Q

初めまして、私は今年23歳の女性です。

2年間浪人をしましたが上手くいかず、私でも入れる大学に入り1年は通いましたが、結局2年目は休学をして、先ほど退学届けを出して来ました。

休学中、1番上の姉は3人目の子供を妊娠し、2番目と3番目の姉はそれぞれ弁護士さんと外科医さんと結婚をしました。2番目の姉は去年の年末に子供ができたことがわかりました。

私は恋人ができたことがありません。自分に出来ることはなにか考え、やって来たつもりでしたが結局上手くいきませんでした。

去年の年末、私は女性用風俗に行ってきました。ホテル代や交通費などを含めると20万円ほどかかりました。お金を払って、抱いてもらいました。

とてもいい人でしたが、涙が止まりませんでした。初体験でした。自分にはこれほどまでに価値がないのかと思います。

周りは上手くいっているのに、なぜ私だけ全てつまずくんでしょうか。今までの

22年間はなんだったんだろう。坂を転がり落ちていくようです。誰か1人でいいから私を好きになってくれる人がいてくれたらと思います。

前を向けるようなアドバイスをいただけませんか。よろしくお願いします。（シロ 22歳 女性）

A

有名大学を卒業して、白馬の王子さまみたいな彼と恋愛をして、誰でも知っているような企業に就職して、エリートな旦那さんと運命的な出会いをして結婚して、健康でかわいい子どもを育てて、そういう絵に描いたようなしあわせエリートがあなたのしあわせの価値観なんでしょう。

あなた自身にも全能感のようなものがあったとおもうんです。「今までの22年間はなんだったんだろう」という言葉と、なによりも「坂を転がり落ちていくようです」という言葉に現れています。それなりに人から褒められて、上り坂の頂点にいるとおもっていて、高校生ぐらいまでは、しあわせエリートになることがあたりまえとおもっていたんじゃないですか。

ところがそれに暗雲がたちこめてきて、浪人や中退、白馬の王子さまが20万円でやってきたことが決め手になって、虚しさを感じて崩れてしまったんじゃないですか。少女マンガや恋愛ドラマにもみんなしあわせエリートの描写があるし、親も学校もたいがい子どもにしあわせエリートを求めがちだよね。

たぶんだけど、ご両親はそれなりに社会的地位があって所得が高かったり、資産を保有していたり、実家が裕福だったりするんじゃないですか。弁護士と外科医と結婚されたお姉さんたちの存在や、アルバイトしたのかどうかはわからないけど20万円を女性用風俗に使えたことからも、あなたがお金に苦労しないですんでいることが窺《うかが》えます。

すこし話がそれるけど、20万円ってちょっと高すぎかな。気になるのはこの高さなんだよね、わざと高い出費にしていない？

自分の価値を金銭に換算して高い男性を選んだのか、初めての経験だからイケメンでテクニックもあるような人気の男性を選んだのかはわからないけど、そもそも価値というのは需要と供給で決まるものです。

これは一概に否定するつもりはないのだけど、もしも自分の価値を高めるためだったのであれば、現実的には風俗の男性は20万円を売り上げて、あなたは20万円の支出があったわけだから、風俗の彼はプラス20万円の価値、あなたの価値はマイナス20万円という、自分の価値をおおきく下げてしまったという見方もできます。

安心感をえるためだったのかもしれないけど、女性向けの風俗で20万円のセックスを経験してしまうと、一般的な普通の男性とセックスをしたときにがっかりしてしまうような気もするんです。でも、一概に否定できないのは、20万円の経験でアホな男を弾《はじ》く目を養えるような気もするんだよね。

20万円はちょっと高いけど、自分の経済状況を悪化させるとか借金とかでなければいいし、20万円が浪費か消費か投資なのか、そこもよく考えてみてほしいの。浪費だとおもうなら、もうやらなきゃいいし。消費だとおもうなら、いって良かったっておもえばいいし。投資だと判断できるなら、これからもどんどんいけばいいよ。

泣いていたって、過去が変わるわけでも現在がよくなるわけでもないのだから、この経験をこれからにいかすのがぼくはいちばんいいとおもいます。そうすれば未来はきっと良くなるよ。

大人になると気づくものだけど、しあわせエリートってけっこう幻想です。まったくいないとはいわないけど、結婚だって１００組結婚したら40組は離婚をするし、60組の中にも離婚を耐えている層がいるだろうから、絵に描いたしあわせエリートなんて一握りだとおもうよ。

結婚した旦那がＤＶをするかもしれないし、自分が子どもに虐待をするかもしれないし、就職した会社が倒産するかもしれないし、不妊で子どもがなかなかできないかもしれないし、うまれた子どもが健康ではないかもしれないし、うちの妻みたいにちいさい子どもを抱えて旦那が病気になって死にかけるということだってあるわけです。

　でもそれが不幸だとはぼくはおもわないんです、負け惜しみとかじゃなくて合理的に考えてのことです。もちろん病気になることも、ＤＶ被害に遭うことも幸運なことじゃないですよ。

　ぼくからすれば結婚だって離婚だって再婚だって、しあわせになるための手段だし、病気だとか子どもの有無とか、収入の多寡とか社会的地位というのはただの要因です。

　手段と要因を照らし合わせて、目的にむかって選択していけばいいのだけど、本当の不幸ってのは、手段と要因と目的をごちゃ混ぜにして、選択肢のさきですこしでもマシなしあわせが手を振ってるのに選ばないことですよ。

　まずはあなたが抱いているしあわせの価値観が、そもそも本当に自分のしあわせの価値観なのかよく考えたほうがいいとおもうんです。ぼくにはあなたが誰かの目を気にしているように感じるんです、親だったり姉妹だったり、友達や近所の人だったり、社会の目だったり。

不幸の価値観も、いい機会だから一度考えてみたほうがいいとおもいます。絵に描いた不幸エリートが、じつは不幸とはかぎらないよ。ぼくはもちろんのこと、うちの妻もたまに不幸エリートっておもいこまれて、感動ポルノに出演させようとするメディアから取材の申し込みがあるんですよ、うんざりだよ。

　ぼくから病気という要因を抜いたら、しあわせエリートの日本代表選手みたいなもんですよ。まぁ残念ながら抜きたくても抜けないから、これは負け惜しみだね。

　しあわせエリートも不幸エリートも、結局のところ誰かが描いた絵だよ。たしかにそれは人をひきつける魅力があるし、家族にしあわせエリートがたくさんいると、家族はスゴイスゴイって褒められ、あせりとプレッシャーを感じるとはおもうけど、あなたがいま転がり落ちている坂の名前は、幻想坂ですよ、幻想坂。

　なんだか幻想坂って日本のどっかに本当にありそうだからググってみたら、欅坂《けやきざか》46がでてきたからたぶん幻想坂ってどこにもないわ。幻想坂は現実交差点につながってます。現実交差点で現実をしっかりと見て、そこからどこの道に進むかを考えたほうがいいだろうね。

　よく人生は山あり谷ありっていうでしょ。否定するつもりはないけど、がんみたいな大きな病気になった人って谷に転げ落ちて、元の山に必死になって戻ろうとするの。ぼくは次の山に登ったほうが違う景色がみえてたのしいと感じてしまうし、登頂はできないかもしれないけど、登ろうとすることはできるとおもうんです。

本当にあなたのしあわせの価値観が恋愛や結婚や学歴のようなものなら、落ちた坂を戻る努力をすればいいし、20万円の経験でなにかがくだらないと感じたのであれば、次の坂を登ればいいとおもうんです。


ぼくはいま37歳であなたとの年齢差がけっこうあるから役に立つかどうかわからないけど、人から好かれるいちばんの方法は、さきにあなたが好きになることですよ。

白馬の王子さまは待っててもこないよ。だいたい本当に白馬で来たら迷惑だよね、馬の糞《ふん》ってすごくでかいし、歩きながらするし。うっかりと馬の背後に立つと、蹴られるし。

待ちたい気持ちはわかるんです、自分が振られるリスクを抑えることができるから。

鳥だって虫だって、オスがメスにアプローチするものだし、そのためにオスのほうがメスよりも鮮やかだったりするよね。でもいまの若い男性って彼女とかいらないって人も少なくないし、女性からアプローチするのもあたりまえの時代だよ。

素敵だなぁって人がいたら、あなたからお茶や食事に誘うの。あなたが男性にしてほしくて待っていることを、あなたがさきに男性にするの。薄いグラデーションをだんだんと濃くするようにあなたの好意を伝えていくの。

振られるリスクがあるけど、みんなそういうリスクをとってしあわせをつかんでいるんです。男性だって振られることをリスクと捉えて、リスクと付き合うことのメリットが少ないと感じて、恋愛に消極的になる人もいます。

でも、女性からアプローチされれば話は別だとおもう。ここにチャンスがあります。自分は振られるリスクがなくなるわけだから、付き合おうって男性はけっこういるとおもうよ。世の中に女性用よりも男性用の風俗が溢れているのがいい証拠だし、そもそも誰かから好かれるというのはうれしいことなんです。

まったく気にしていなかった人でも、自分のことを好きでいてくれるから、その人のことが気になって好きになったりします。きっとあなたにたいしてだってそうだとおもうよ。

リスクを容認して行動しないと、しあわせは手に入りません。鳥だって虫のオスだって鮮やかさで外敵にみつかって、食べられちゃうんですよ。あなたも外敵みたいなモラハラ男からは身を守る必要があるんだけど、そんなときに20万円の経験を役に立たせましょう。変な男を弾いていけば、最終的にはいい男性が残ります。

坂を落ちたらまた登ればいいだけだよ、そういう経験がある人は謙虚さもあるし優しくなるよ。そして恋愛や結婚のいちばんの決め手は謙虚さと優しさだとおもいます。

浮気や不倫をした人たちは、自分をきれいに取り繕う

Q

はじめまして。いつも幡野さんの写真や、記事等楽しみにさせていただいています。たなかと申します。

わたしは現在25歳で、先日約2年付き合ってきた彼氏にふられてしまいました。

原因はわたしが彼を裏切ってしまったことです。

前科もあり、「次で最後」と言われていた中での裏切りでした。

自業自得以外の何でもありません。

「女の子として信用できない」「一緒に生きていけない」と言われました。

現在は友達に戻った状態です。

嫌いになったわけじゃないけど好きではない、と言われました。

彼はもともと、信用が0《ゼロ》になるとその人のことがどうでもよくなるほど0になる人で、わたしもその性格は理解していました。

もともと職場に男性が多い業界で、仕事関係で飲みに行くと高確率で女子は自分1人になります。

そのなかで男性と距離が近くなってしまうことも多々あり、裏切り行為をしてしまったことを正直に話しました。

相手の方にも謝罪したところ「自分はされてない、勘違いだ」との旨を伝えられたため、それも追加して彼氏に謝罪をしました。

それを正直に反省して伝えることが自分にとって「せめてもの相手に誠意を見せること」だと思っていましたが、「自分が楽になっただけ」と言われて初めて自分がやってきた謝罪が自分本位であったこと、行為自体の重さを再確認しました。

時間が経てば忘れることや、気持ちが楽になるのかもしれないですが、どうにか信頼を取り戻し復縁したいと考えています。元彼からの信頼を取り戻すにはどうしたら良いでしょうか……？（たなか 25歳 女性）

A

いろんな悩み相談がわりとたくさんぼくのところにくるんですけど、悩みの種類をジャンル分けしてみると、悩みかたにそれぞれ共通点があるんです。心理変化が似てくるためなのか、共通点が相談者自身の文章表現や自己分析にあらわれます。

たとえば子どものころに親から虐待をうけた人って、やたらと自己分析や文体が冷静だったりするんです。逆に子どもに虐待をしている親って、やたらと支離滅裂だったりします。

きっと弁護士だって依頼者に、銀行員だって融資の顧客に、企業でクレームの受付担当をしている人だって、医療者だって、アイドルだってそれぞれの相手に、共通点みたいなものを感じているとおもうんです。彼らはプロなので口や表情にださずとも、それをいかしてコミュニケーションや業務を円滑にしているとおもいます。

浮気や不倫をした人の相談の最大の共通点は、とにかく自分をキレイにみせるということです。

前置きが長くなったけど、あなたは自分が悪いってまったくおもってないでしょ。悪いことをしても謝ったら許してもらえると勘違いしていませんか。

悪いことをしても、ゴメンのひとことで被害者に強制的に許すことを求めることができるチート時代は小学生までです。あなたの元彼への対応は小学生並みです。

浮気や不倫問題で、被害者にも加害者にも関係のない人がなぜか加害者を許さないで叩きまくるという現象もおきるけど、あれはあれで中学生並みのことだから、それはそれであまり気にしなくてもいいです。

大人って、自分にまったく関係のないことには口を慎むものです。利害がないのに怒って、疲れ損じゃないかな？　っておもってたけど、あれって叩くことでたのしんでいるから得なんですよね。コロナ自粛で娯楽が減ったなか、叩くことが娯楽になっちゃう人って増えるだろうなぁ。

パートナーや配偶者に知らせなくていいことってあるとおもうんです。過去に付き合った異性の話とか、過去のセックスの話とかいろいろあるけど、バレていない浮気の告白話って、オリンピックメダリスト級に知らせなくていい話ですよ。つまり世界一、知らせなくていい話です。

あなたの場合、過去に浮気をして「次で最後」と警告までもらっていて、元彼にバレてもいない状況でわざわざ浮気したことを知らせるのって、あまりにも合理性に欠けます。あなたは良心の呵責《かしゃく》だとか自責の念に耐えられなかったとか誠意をみせるだとか、浮気と不倫相談に特有のキレイな言葉を丁寧に並べているのだろうけど、ぼくからすれば丁寧に地雷を埋設《まいせつ》しているだけです。

あなたが中学生並みの思考だった……というよりも、元彼さんの自分への愛情を試しただけでしょう。それか悲劇のヒロインになって自分に酔っているか。どちらにしても元彼さんは疲れたんでしょう。

元彼さんはかなりいい男だとおもうんです。一度浮気してもチャンスを与えて、再度浮気をしても怒りをぶつけるでもなく、冷静にあなたと別れています。「現在は友達に戻った状態です。嫌いになったわけじゃないけど好きではない」って元彼女に信じこませてるところがなによりすごい。

2年付き合って2回の浮気とバレた経緯を考えたら、どう考えても友達なんかに戻れないし、嫌ってるを通り越して呆れてますよ。元彼さんは口にも表情にも出さないだけで、恋愛のプロだよ。

小学生並みでもなく中学生並みでもなく、元彼さんは成熟した大人なんです。付き合うよりも別れるほうが大変ということを知っているのか、あなたとのトラブルを避けるためなのか、もしかしたらあなたと都合よくセックスをしたいのかもしれないけど、そこまで含めて完璧な大人ですよ。

人間力も恋愛偏差値も高め、これでルックスまでよかったら、ぼくは死んだあとに神様にタメ口で嫌味の一つでもいうかもしれません。

元彼さんはきっとあなたに理解してもらうために、わかりやすく話をしたとおもうんです。それにたいしてあなたは元彼さんに難解に話をしたとおもうんです。「裏切り」とか「前科」とか一瞬でわかる比喩なんだけど、表現として役に立っていないのに使うのは、自分をキレイにみせるためだよね。

遠慮をしなくていい匿名の人生相談すらわかりにくい言葉を使ってるのだから、意識してないかもしれないけど、元彼さんにはもっとわかりにくく話しているよ。

「相手の方にも謝罪したところ『自分はされてない、勘違いだ』との旨を伝えられたため、それも追加して彼氏に謝罪をしました。」

これとかオリンピックで金メダルもらえるぐらい、行動が理解できない。浮気相手は職場の人でしょ。しかも「自分はされてない、勘違いだ」、こことか最高に意味が理解できない、経緯を知ってるあなたしか理解できないよね。

それを元彼さんに追加で謝罪するものわからない、火に油を注いだだけだよ。

元彼さんの信頼を取り戻して復縁するのは無理じゃないかな。信頼を取り戻したら復縁できるとおもっていたり、自分が許される存在だとおもっていることが勘違いです。

自分が誰かにとって許されない存在、嫌われる存在であることを認識しましょう。でももう仕方ないじゃないですか、浮気もしちゃったんだし、それを告白しちゃったんだし。

ぼくがいちばん心配しているのは、浮気相手の存在です。元彼さんと内縁状態でも婚約をしていたわけでもないのだから、慰謝料請求が発生するわけでもないのに浮気相手は否定しているんだよね。

つまり冷静じゃない上にちょっとアホなのよ。でもそんなアホな浮気相手がいる職場で、男性がおおくて、飲み会で女性があなた一人になることがおおいんでしょ。アホな浮気相手の発言と行動で職場であなたが不利になったり、あいつがやれたならオレもやれるかも的な、さらにアホが寄ってくる可能性もあるんです。注意してください。浮気をするなら、付き合う人とおなじぐらい相手をみなきゃ。いい人と恋愛をしたほうがいいし、浮気をするならいい人と浮気したほうがいいの。アホと浮気はしちゃダメだよ。

元彼さんと浮気相手で落差がすごくあるように感じるから、あなたがお酒に弱いタイプなのか、浮気相手がイケメンだったのかわからないけど、自分と相手を見る目が、今回の一件で養われたとおもうんです。

今回の一件って、あなたが悪くて、その後の対応をミスって決定的になったのだけど、それでも2年付き合っていたわけですから、あたりまえだけど失恋は失恋なんですよ。自業自得っていってくる中学生並みの人もいるとおもうけど、ぼくは全然そうはおもわないですよ。

あなたはただ失敗しただけ、でもそれを次の成功にいかせばいいだけ。失恋の苦しさを解消するいちばんいい方法は、あたらしい恋愛です。たぶんだけど、職場以外のコミュニティにいれば、あなたに好意をよせる男性って何人もいるとおもうんです。

どちらかといえばあなたは選べる立場ですから、あたらしい恋愛をするのがいいとおもうんです。そのときに大切なのは、知らせなくていい話はしないってことです。

この一件は絶対に人にいうのはやめましょう。自分に好意をよせる男性だけでなく、同性の友達にもね。あたらしくてまともな恋愛から遠ざかるだけです。だから元彼さんのいるコミュニティも避けたほうがいいです。

すこし時間をかけて落ち着いて、楽になったら、これを次の恋愛と人生にいかすしかないでしょ。この相談って去年の年末ぐらいに送ってくれたよね。本当はすぐに答えようとおもったけど、楽になってからのほうが受け止められるとおもって、桜が咲くぐらいまで待ってたんです。

春ってなんか、恋愛もしたくなるとおもうんです。っておもったけどまさか新型コロナウイルス感染症が流行するなんておもわなかったんです、ごめんなさい。でも恋愛を自粛する必要なんてないですよ。高齢者には文句をいわれてしまいそうだけど、アプリでもＳＮＳでも駆使して、高齢者には理解のむずかしい最先端のあたらしい恋をしてください。

元彼さんが大人だから復縁したいという気持ちは理解できます、ぼくだってあなたの元彼さんのかっこよさに惚れてるもん。男性にモテる男性って、すごくすごく女性にモテるんですよ。

あなた以上に元彼さんは女性にモテるんです。お互いがあたらしい恋愛にすすむことが、お互いのしあわせになるとおもいます。

夢は一人一つって誰が決めたんだろうね

Q

幡野さん、はじめまして。

卒業間近の大学生です。

就職をしても夢を忘れないでいる為に、私の背中を支え続けてくれる言葉が欲しくてメッセージを送らせて頂きました。

中学生の時に外交官になりたいという夢を持ちました。母子家庭であり、困難な道ではありましたが、周囲の人々や財団の方々のお陰で、無事に大学へ進学し外交官への第一歩である海外留学を実現致しました。しかし、留学先で脳出血を患い、その後遺症で言語障害を持ちました。英語はおろか日本語すら不自由する状態になってしまったため、夢は諦めざるを得なくなりましたが、不幸中の幸いか、3年にわたるリハビリのおかげで失った言語の大部分を取り戻し、先の就職活動では一般枠で大企業の内定を頂きました。

実のところ、今の私が望む生き方は、企業への就職ではなく医学部を再受験してリハビリ医になることです。長いリハビリの末に辿り着いた第二の夢です。しかし、悩みに悩み、相談に相談を重ねた結果、無謀な挑戦を心配する母親や社会復帰の為の支援をしてくださった病院の先生方を説得する事が出来ず、就職活動を選び現在に至ります。

内定後も夢を諦められず、内定を辞退し受験勉強に専念したいと思いましたが、一度手に入れたものを手放す事ができるほど、私は強い人間ではありませんでした。もっとも、それができるならば就職活動はしていなかったはずですね。

働きながら勉強をし、お金を貯め、学力が伴ってきてから退職し挑戦するのが合理的な選択だと思っています。一方で、このような感情を持ちながら就職することに後ろめたさを感じます。内定を頂いた企業は、殆《ほとん》どの人が第一志望で入ってくる程人気な企業です。誰も私の心の内を知らないにしても、苦しい日々になると思います。このように、人の顔色を窺いがちで無難な道を選びがちな私は、一度就職してしまったら最後、夢があっても何かと理由をつけて現状維持を選んでしまいそうです。確かに、脳出血で死の縁《ふち》を彷徨《さまよ》いました。手術前には死を覚悟しました。後遺症を抱えた時は人生に絶望しました。そこから戻ってきた私は、本来であれば、もう恐れるものはないはずです。でも、極限状態を経験して幸せの閾値《いきち》が下がり過ぎると逆に困った現象が起こる事にも気付きました。今こうして言葉を紡げるだけで幸せを感じます。生きているだけでいいか、と思ってしまう時も多々あります。私は生きていればいいじゃないか党の立派な党員です。これは精神衛生上良いこともありますが、逆に向上心を邪魔します。現状でも十分恵まれているのだから欲を張るのはやめよう、そうして私が夢を諦めてしまうのが怖いです。それでも、助けて頂いたこの命、自分の納得のいく形で、人々を救う生き方がしたいです。遠くない将来、必ず、夢の為に先に進むべきか辞めておくべきかという悩みに直面すると思います。その時の私の背中を押してくれる言葉が、社会や仕事に揉まれても夢を忘れないでいる為の言葉が欲しいです。

　まとまりのない文章になってしまい申し訳ありませんでした。読んで下さりありがとうございました。（匿名希望　20代　男性）

A

就職おめでとうございます。どこの会社か気になるけど、とにかくあなた立派ですよ。あなたとおなじようにリハビリで回復できた人からも、母子家庭でハンデを感じている人からも、不自由のない健常者にすらも、あなたはすこし眩《まぶ》しく感じる存在だとおもいます。

ほかでもなくあなたの努力の賜物《たまもの》です。あなたの適切な努力と性格があってこそだよ。でもこういうことをいってしまうと、努力できない人もいるし、努力が実らない人だってたくさんいるし、環境に恵まれない人もいる社会なんです。

「運が良かっただけです」なんてことを謙虚にいう人もいるのだけど、こんどはその言葉で「じゃあ、あたしは運がないのか」と落ち込む人がいるんです。だからぼくはいつも「たまたまです」っていっています。これがいちばん波風が立たないよ。

あなたとおなじように、ぼくだって本音をいえばすこしは努力をしたし、周囲の人の助けもたくさんあったし、足の引っ張りも経験しています。死の縁《ふち》をフラフラッと歩いているし、とてもいい医師と看護師さんに出会えたことは運が良かったのでしょう。いろいろ細かい要因はあるけど、おおきくみれば「たまたま」なんです。

だからあなたも「たまたまです」っていうといいかも。笑顔でいっちゃダメだよ、だからといって悲しい顔でもなくね。美味しさも不味さもわからないお酒とか、繊細すぎる出汁の味見をしたときの表情でいいましょう。

ぼくは自分のことも、あなたのことも強いなんておもえないんですよ。でも、とにかく周囲からは「強いですね」っていわれちゃうよね。それが褒め言葉や尊敬にもなったりするんだけど、波風が立つと悪意のこもった「あの人は強いから」って言葉でディスられるんです。

これをマウンティングの最後の断末魔《だんまつま》ってぼくは呼んでます。マウンティングの行き着くさきって、自分が弱者になって身を守ることなんだよ。波風ってやんわりいってるけど、わかりやすくいうと妬まれちゃうのよ。

あなたが夢に進めば進むほど、どんどん眩しい存在になって濃い目のサングラスをつけて目を保護するようにディスられます。ぼくはこういうことに慣れているからさほど気にならないのだけど、悪意の言葉に慣れることのほうが異常だし、やっぱりあなたにも慣れてほしくはないかな。

それでもね、強いって周囲からおもわれているほうがはっきりいって得です。強い人は安心感をあたえるのでたくさん人が集まってくるし、これから仕事のチャンスもおおいとおもいます。きっと出世するから、広報部や宣伝部でえらくなってぼくに御社の撮影の仕事をさせてくださいお願いします。

あなたの文章からは謙虚さが滲みでているけど、でもオーバーに謙遜《けんそん》はしなくてもいいんですよ、心の中で自分はよくやっているってしっかりと褒めましょう。実際にあなたはこれまでとてもよくやってるよ、だからこれからもよくやっていけるとおもうんです。もう一回リピートするけど、広報部や宣伝部でえらくなって。

夢に向かうことはとてもいいことだとおもいます。ただ、ぼくは職業を夢にするのはあまりよくないとおもっています。それは夢ではなく、職業の選択です。あなたが仕事をするさきで何をしたいかということを、夢にしたほうがいいとおもっています。

職業を夢にしてその仕事ができなかった人が崩れていくのをたくさん見てきたし。その職業に就けても、そこをゴールにしていたことで行き詰まって苦しむ人もたくさん見てきました。大切なのは仕事のさきにある夢です。職業は夢の通過点だとおもいます。

あなたは企業に安定性を感じているかもしれないけど、疫病《えきびょう》の蔓延《まんえん》や大規模な災害、まったく関係ないとおもってた外国の企業が倒産するだけでも、自分の会社が倒産したり、大型の人員整理が起きるんです。

去年だって大手保険会社が大規模なリストラをしたし、15年前には、飛ぶ鳥をテレビのリモコンやジェットエンジンや電力で落とす勢いの企業って日本にはいくつかあったけど、いまではそんなことないよね。

たとえば大手新聞社だって、あなたが就職すればお母さんもあなたも安心するのかもしれないけど、15年後はかなり厳しいよね。新聞を購読する層のメインが、15年後に生きているか怪しい高齢者ばかりだからです。

企業に就職すれば将来安定ってことは勘違いだし、親や誰かや自分を安心させるために就職してたら、行き止まりで苦しむだけだよ。

外交官やリハビリ医っていう夢はすこし噛み砕くと、その仕事をすることで誰かの役に立ちたいということだよね。国民の役に立ちたいとか、患者さんを救いたいとか。誰かの役に立ちたいという感情は、おおきな病気を経験すると抱えるものです。

ぼくなんかもそうですよ、誰かの役に立ちたいとおもっています。役に立つことで病人が生きやすい社会をつくれるとおもいます。病人を経験すると、社会や家族のお荷物であると感じるじゃないですか。

別にノーベル平和賞を目指さなくてもよくて、定年退職した人が地域でボランティア活動したりするぐらいでもいいのだけど、誰かの役に立っているという実感はすんごい大切なことなんですよ。

役に立たせることを遠ざけるのが、生きていればいいじゃないか党の党員なんですよ。がんばろうとする人の向上心を奪ってしまうし、できることすらも奪ってしまうの。妬みとかじゃなくて100%の善意だから本当に困るんだけど、人を社会のお荷物にしちゃうんだよね。

もちろん生きるか死ぬかのギリギリの瀬戸際に立ったときは、生きていればいいじゃないか党の党員はとても力になってくれるんだけど、瀬戸際を抜けたら、考えを変えないといけないんだ。

職業なんて本当になんでもいいんだよ。ぼくはたまたま写真家だけど、いまはこうやって文章を書くことをしています。写真を撮ったり文章を書いたりするさきにある、自分の伝えたいことを伝えるということをしているだけです。

だから夢を諦めるとかそんなことを考える必要はなくて、夢を叶える手段なんてどんどん変えていったほうが心が崩れないし、紆《う》余曲折《よきょくせつ》はするけど結果として夢への近道だとおもうよ。

医学部に入っていろんな医科を研修で回っているときに、なにかすごい経験や出来事を目撃して、リハビリ医ではなく他の専門医になりたいっておもうかもしれないし。

間接的になってしまうから実感することがすこし難しいけど、就職した企業で仕事をしていることも、社会の役に立つわけですよ。

それは夢を諦めるとかではなく、視野が広がってあたらしい世界に進むということです。なんにも悪いことじゃありません。

でも、「働きながら勉強をし、お金を貯め、学力が伴ってきてから退職し挑戦するのが合理的な選択だと思っています」これは夢を叶えるにはまったく合理的じゃないです。

まず医師になるための費用を計算しましょう、そして新卒の給与からいくら毎月貯金が可能か計算して、何年でその費用が貯まるかも計算しましょう。その年数で仕事の合間に勉強するのはいいけど、脳味噌は衰えます。そしてフレッシュな脳味噌と恵まれた環境をもった現役がどんどん入学します。はっきりいって不利で非合理的なのよ。

本当に目指すなら、お金を稼いで貯めるんじゃなくて、借金や家族からの援助などでお金を集めることがいちばん効率いいよ。あなたの合理的な選択は、自分の夢を諦めさせる合理的な方法です。

「一方で、このような感情を持ちながら就職することに後ろめたさを感じます」この言葉は現状維持を選ぶ布石になっていて、現状維持でも別になんにも悪いことはないのに、夢を諦めるっていうことがカッコ悪いとか、周囲の目を気にしているんだろうけど、すでに自分のなかでもう答えは決まっているんじゃない？

夢の正体がなんなのか分析してみて。人の目や言葉なんて気にしなくていいから。もちろんぼくの言葉や目を気にする必要もないよ。

夢って案外シンプルなもんだよ、ぼくの夢はしあわせになることだもん。最近になって誰かのしあわせを願えることが、本当のしあわせなんだと理解しました。だからあなたのしあわせをぼくは願ってますよ。あなたはどんな仕事をしていても、人を救ったり役に立つからです。

なんだかいい人みたいなこといっちゃったけど、ぼくは悪意のマウンティングしてくる人には心のなかで「ぜひ、ぼくよりさきに死んでください」っておもってるから全然いい人じゃないよ。

夢を分析するのもけっこう時間がかかるものです。もしかしたら答えはでないかもしれません、社会の環境と自分の環境が変化しつづけるからです。環境と並行して考えつづけて変化させることも大切だし、環境に左右されない夢を持つことも大切だし、夢をたくさん持つことも大切です。夢は一人一つって誰が決めたんだろうね。

大企業に入ってもただの通過点なのに、就活の志望動機で綺麗事やウソをついたり、人の目を気にしているからいま悩んでいるんだよ。人は気分によってサングラスをかけるんだから、人の目なんて気にしなくていいの。避けるべきはあなたがサングラスをかけて、あなた自身を見ることだよ。

心配したほうがいいのは、あなたのメンタルです

Q

こんにちは。いつもサイトやツイッターを拝見しています。日々の生活に疲れた時、幡野さんの多くのコトバに勇気をいただいています。ありがとうございます。

離婚したいと思っているのですが、そうなった場合、2歳の娘の今後のことが心配です。私がどういった心がけをしていけば、楽しく生きていける人に育てられるでしょうか。幡野さんのご意見を伺いたく、書いています。

私は今日37歳になりました。〇歳年下（＊回答参照）の夫はうつ病を患っており、ここ半年は通院も薬も拒否し、休職中の会社もいつクビになってもいい状態です。原因は部署異動と引越しに伴う環境の変化に対応できなかったことと、元々の性格もあると思います。ずーっと家で寝ながらネットを見て、ほぼ私と会話もなく、治す気がないと宣言しています。

長らく無職だった私は、アルバイトをしながら、資格勉強をはじめ、上手くいけば2年後に経済的な自立ができる予定です。幸い、主人が一生懸命働いていてくれたお陰で、私の自立まではなんとか貯金でやっていけそうです。

主人の今回のうつ病は再発で、回復できるように、少しでもよくなるように、と私もサポートしてきたつもりですが、どんどん意固地になっていき、私も精神的にギリギリの状態で頑張っています。

主人は育児も家事もほとんどしていませんが、娘に対し気分のいいときは、遊んでくれているので、娘は父親のことが大好きです。

完治しないまでも、病気に向き合って治す方向に向かっていってくれたら、と願っていたのですが、はっきりそれはないと宣言され、私が独り立ちできたら離婚しよう。と、決意しました。

心配なのは娘です。これからいろんなことがわかってくる中で、父親がいないことをどう私がカバーしたらいいのか。そして、本人にとっての父親は彼しかいない中で、うつ病の父親のことをどう話していけばいいのか。隠すつもりはないですが、どう伝えたらいいのか想像できません。

私自身は両親が不仲だったため、できるだけ明るく楽しい家庭を築きたかったのですが、叶いそうにありません。とても淋しいですが、娘にはそれでも、生まれてきてよかったと思い、楽しい、幡野さんのコトバでいう幸せな人生を歩んで欲しいと願っています。

幡野さんのお考えを聞かせていただけたらありがたいです。（HBD to me 37歳 女性）

A

うう―――ん、そうですか。正直なところすごく答えにくい相談です。ぼくが答えることで喉に刺さった魚の骨のように、居心地の悪さを感じてしまうだろうとおもうからです。離婚はしたほうがいいとおもうんです、もう旦那さんのこと好きじゃないでしょ。あなたが娘さんのことを心配して守ろうとしているのは、娘さんのことが大切だからですよね。

どういう状況なのかわからないけど、普通に考えて、うつ病で休職中の社員をクビにはできないですよね。しかもうつの原因が仕事にあるわけですよね。もしもぼくがあなたの立場なら、弁護士に相談して訴訟を起こしますよ。いま現在あなたは旦那さんのこと守る気ゼロじゃないですか。どことなく会社側の肩をもっている感じすらあるし、旦那さんはあなたにとって大切な存在ではないんです。

旦那さんの立場になって考えてみましょう。病気の再発って、健康な人は「また治せばいいじゃん」っておもうんだけど、病人からすれば、時間をかけて一生懸命つくりあげた長文の文章やデータが突然パソコンのエラーで消えちゃうようなもんなんです。

また治してもまたエラーが起きそうだから、そりゃ嫌になっちゃうでしょ。あなただって1日がかりで手のこんだ料理をつくって、食べる直前にお皿をひっくり返したときに、またおなじように手のこんだ料理をつくれますか？　無理でしょう、ぼくならウーバーイーツのアプリを立ち上げます。再発のほうがショックが大きくて、苦しいんですよ。あなたが長らく無職だったということは、旦那さんがそれなりに稼いでいたわけでしょ。2年後の自立まで貯蓄でしのげるわけだけど、30代でたいしたもんじゃないですか。でも貯蓄を消費したあとにあなたは離婚して、娘さんと出て行ってしまうわけ。旦那さんからすれば、健康と仕事と貯蓄と家族を失うわけです。

だから旦那さん自殺するよね。2年後にうつが落ち着いていればまた違うかもしれないけど、いまあなたの計画を知るだけでも、自殺したくなるとおもうよ。生命保険に加入しているなら尚更《なおさら》かな。自分が邪魔な存在っておもうだろうし、あなただって本音をいえば、自殺は後味が悪いけど旦那さんが邪魔でしょ。

ちょっときついこといいますけど、あなたは旦那さんのこと守る気ゼロどころか守る気マイナスになっていて、正直なところぼくはあなたの旦那さんにかなり同情しているし、あなたにたいしてはナチュラルにえげつないことするなぁっておもっています。

でもね、あなたの立場を考えたら仕方ないことだとおもいますよ。介護だって看病だって最初はわたしががんばろうって意気込むんだけど、終わりのない看病や介護をしているとだんだんと心のどこかで死んでくれないかなぁっておもう人だっています。亡くなったあとでホッとしたりするし。

育児だってワンオペが困難なのに、看病や介護のワンオペなんて無理だよね。介護なんて、子どもの人数が多くて、寿命がいまよりも短い時代だったら家族間で成り立っていたかもしれないけど、日本は長寿で少子高齢化の国になったし、死を願ってしまうような介護のやりかたはかえるべきだよね。

あなたの場合は旦那さんの看病と娘さんの育児と家事、アルバイトと資格取得の勉強をするみたいですけど、これから2年間それができるとはとてもおもえません。やることを間引かないと、あなたがうつやノイローゼになっちゃうよ。資格試験に落ちたときに崩れそうだよね。

だから2年後といわずに明後日にでも離婚をしたほうがいいんじゃないですか。病気になった人を見捨てるなみたいなことをいいだす正論くんがいるけど、あなたの立場になったことがない人だよ。

旦那さんが自殺したとしても、あなたの責任ということでもないんですよ。黒ひげ危機一発で最後の一本の剣を刺しちゃう感じ。旦那さんのはいったタルに剣を刺しまくったのは、会社ですよ。だからぼくだったら会社を相手に訴訟するの。

あなたは、うつ病になったりゴロゴロしながらネットをみて働かない旦那さんに問題があるっておもってるでしょ。でもそれはきっといまにはじまった話じゃなくて、きっと前々からそうだったんだとおもいますよ。もちろん旦那さんにも性格的に問題があったのかもしれないけど、そういう関係性がうつ病によって炙《あぶ》り出されたんだとおもいます。そもそもゴロゴロしながらネットをみるのって、ぼくからすれば睡眠の次に効果のある回復方法です。

旦那さんのことがまったく見えていなくて、自分のことしか見えていないから、今日が自分の誕生日だとか、自分の年齢や旦那の年齢差とかボカさずに書いちゃってるんだよ。編集で年齢はボカすとおもうけど、旦那さんがゴロゴロしながらこの記事を読まないことを祈りましょう。もしもこれを読んじゃって旦那さんが自殺しちゃったら、そのときはぼくのせいにしましょう。

あなたは娘さんのことを心配しているけど、それよりもあなたのメンタルの心配をしたほうがいいとおもうんです。旦那さんが自殺した場合、あなたが死にたくなるほど苦しむからです。

自殺をすると周囲の人はとてもショックをうけて、止められなかったことを悔やんだりするんだけど、自殺する側の人間からすれば、誰かが悲しむだとか正論くんがいいそうなJ-POPなことはどうでもよくて、ただ死にたいんです。自殺にかぎった話じゃないけど、誰かの死を著作権フリーにして自分のストーリーにしないほうがいいよね。

もしも旦那さんが自殺しても気にしないほうがいいよ、もうしょうがないじゃない。死にたかったんだからいいじゃないですか。自殺されたくないから離婚できないってのもおかしな話でしょ。あなたののぞむ生活が成り立たないし、子どもの人生におおきく影響を与えます。それはそれ、これはこれって問題は分けて考えましょう。問題同士を紐付けるとなんにもできないからね。離婚して存在を忘れるぐらいがいいですよ。

娘さんのしあわせを考えるなら、あなたがしあわせになるしかないですよね。人生をたのしそうに生きる親の子どもと、つまらなそうに生きる親の子ども、どちらの子どもが人生はたのしいものだって感じることができますか?

ぼくはたのしく生きる親の子どものほうが、たのしく生きられそうだし、小さなことでもしあわせを感じることができるんじゃないかなっておもいます。父親がうつ病だったことなんかいわなくていいんじゃないですか?

ましてや自殺しちゃっても、交通事故で死んだとか、がんで死んだとかなんかウソつきましょうよ。ウソつくことであなたはまたちょっと苦しいから、本当のことをいいたいのだろうけど、本当のことをいってあなたがラクになったぶん、娘さんが苦しくなるだけです。

きっとあなたの人生のなかでもわりと最低な誕生日になってしまったとおもうんです。でも生きていればそんなこともあるでしょう。人生って、いいことも悪いこともバランスよくあるとおもうんです。だから生きるというのはおもしろいんです。

自分で考えて決めてください。その上でいいますけど……

Q

結婚をしてよいものか、迷っています。どうお考えか伺いたいです。

いま、結婚を前提にお付き合いをしている人がいます。付き合ってしばらくして、私の病気が分かりました。そのままにしておくとそこそこの時間をかけて死ぬので、手術を含めた治療をしています。

治療はまだしばらくかかります。生活のしかたも大きく変わりました。

相手は、私の病気が判明し、それがわりと良くない状態であると知っても変わらず私を支えてくれています。治療が終わったら結婚しようと言ってくれています。

私は相手と結婚してもいいのか、分かりません。

病気の治療はもうしばらくしたら終わりますが、また悪くなったら私は平均寿命にぜんぜん及ばず死ぬかもしれません。医学的な統計では、5年後生きてるかどうかは半々よりちょっと勝率がわるいです。ただでさえ相手は私より年下なので、永くひとりぼっちにさせることを思うととてもつらいです。

もしも、私がいなくなったその後に再婚して相手が幸せになるならばそれで構わない……そう思うと、それならば、相手がより若い今のうちに、別れてしまった方がいいのではないか、とも思います。

相手が私との結婚を望んでくれるのは嬉しいし、私も相手と結婚したいです。しかし、相手を悲しませることがつらいです。私はどうすればいいのでしょうか。（ゆう）

A

ぼくは相談に答えるときに、いつも3歳の息子から相談をされたと妄想しながら答えるんです。相談者の年齢はもちろんバラバラなんだけど、未来の息子からの相談って妄想をするんです。

どんなにちいさな悩みでも、息子からの相談っておもうとバカにはできないんですよね。過酷でつらい相談だと泣いてしまったりするんです。自己中心的で誰かを苦しめている〝被害者の仮面をつけた加害者からの相談〟だとショックを受けたりします。

心が削がれてしまいそうだから、本当はあまりよくない方法なのかもしれないけど、息子からの相談に答えるのってたのしいし、息子からの手紙みたいでなんだかちょっと大切じゃないですか。

ぼくの息子は〝ゆう〟という名前なんです。あなたとおなじですね。〝ゆう〟さんからの相談に答えるのってはじめてなんじゃないかな。

サクッと答えますけど、結婚のことなんか自分で考えてください。私はどうすればいいのでしょうかって、あなたの結婚なんだから自分で考えてくださいよ。ぼくが結婚しろっていったら結婚するの？　それとも結婚するなっていえば結婚しないの？

あなたは自分で考える力や意思の弱さの責任を、ぼくに押し付けているだけですよ。誰かに決めてもらうことで責任回避して楽をしたいのでしょう。楽をして後悔を防ぎたいのでしょうが、あなたに待ってるのは後悔だらけの死です、死際《しにぎわ》に後悔をします。

あなたや相手の親族や友人がこの話を知ったら、結婚を反対してくる人がたくさんあらわれます。とくに親、叔父、叔母あたりの、親世代以上の年齢の親族は、「あなたのために」「相手の人のために」ってプラカードを掲げて反対するんじゃない？

あなたは病気で死ぬかもしれないけど、そういう反対をしてくる人に、あなたの人生を殺されちゃうの。そしてあなたは死際に、人生を殺されたことに気づき後悔をするの。

始末が悪いのは、あなたが死ぬ直前に（本当に直前だよ）、あなたの結婚を反対したことを親族が泣きながら謝罪しだすの。あなたは許すことと感謝の言葉を強制的に求められるの、ぼくからすれば最悪だぜ。

病人ってたくさんの変化と決めることが出てくるの、治療のことも仕事のことも生活のっても。ぼくは子どもがいるけど、健康なぼくといまのぼくでは育児の仕方はすこし変わっているはずです。だから病人にいちばん大切なことは、柔軟に考える力と自分で決定する力です。

結婚のことは自分で考えて決めてください。その上でいいますけど、結婚すればいいじゃないですか。別れようが結婚しようがどっちでもいいけど、別れることをすすめる理由はまったくないですよ。健康だったら結婚するつもりだったんでしょ。病気というのは人間関係を本当によく炙り出すのだけど、あなたと相手さんの関係性が炙り出された結果じゃないですか。

いままでに病気のことを親族や友人に伝えて、もう会いたくないっておもった人いませんでしたか？　これはもう仕方ないことなんです、病気って人間関係を壊すんです。だからこそ関係が変わらない人というのは、治療薬よりも大切なんですよ。治療が終わって相手と別れた世界を想像してみてください、その世界はたのしいですか？　あたらしい恋愛ができますか？　死んじゃうからっておもってできないでしょ、病人ってだいたいみんな恋愛難民になるのよ。

あなたが死んだあとにずっとひとりぼっちでいるのか、再婚をするのかなんて、あなたが決めることじゃないですよ、相手が決めること。相手のことが心配なんだろうけど、人のことを心配することっていいことのようにおもわれがちだけど、そんなこともないよ。

心配が不安になって、自分の不安を解消するために、人の行動をコントロールしたり制限したりしようとするから、あなたの結婚に反対をしたり、食べたくないものを食べさせようとしたり、あなたと主治医が決めた治療に口をだしたり、やりたくない宗教をやらせようとしたり、人生に口をだすの。つまり不安の解消するために、あなたの人生を殺されるの。

身勝手なバカに心配をされるのは、生き地獄にいる悪魔に応援されるようなもんなんだよ。金は払わないけど、大きな声で口だけだして、あなたの人生をコントロールしようとする悪魔は追い払ったほうがいいでしょう。

あなたやぼくが、好きな相手にできることは、反対ではなく肯定なんです。ひとりぼっちも再婚も肯定してあげればいいの。そして死際に謝罪はしない。相手からすれば王手みたいなもので「そんなことはないよ、ありがとう」としかいえないでしょう。

死にかけがいうのもアレだけど、死にかけの謝罪ってずるいよ。小学生男子がカジュアルにつかう、命かけてお願いしたり約束することのリアル版でしょ。謝罪するなら神父さんか坊さんに懺悔《ざんげ》したほうがいいよね。ナースステーションに神父さんと坊さんに雑談&

懺悔要員としていてほしい、ナースコールで来られたら困るけど。

命にかかわる病気になることって、やっぱり大変なんですよ。人生の予定はくるっちゃうし、気分はドン底だし、悪いことといっぱいあるよね。でも、だからといって、不幸になる必要はないですよ、あたりまえだけど、病人だってしあわせになったほうがいいですよ。

5年後は死んでるかもしれないけど、明日は生きるわけだし、今日を生きたわけです。今日をしあわせに生きて明日もしあわせに生きて、死ぬときまでしあわせでいいじゃん。なんで病人になってまでわざわざ不幸を選ぼうとしているの？　それどんな修行スタイルよ。

死ぬときまであなたがしあわせに生きることが、相手を不幸にさせない最良の方法でしょう。ぼくはそうおもっています、妻と息子を不幸にしたくないから、死ぬときまでしあわせに生きるの。

誰かが死ぬことはやっぱり悲しいことです。病気になると病気の友達が増えるんだけど、毎年何人か死んじゃうんだよね。すんごくつらいよ、健康なときよりも死がつらくてかなり落ち込む。死は悲しいけど、でも悪いことでも不幸でもないよ。

家族だけでなく友達とか大切な人を悲しませてしまう気持ちは、本当によく理解できます。ぼくもいままでも胸が痛くなるときがあります。悲しみの種を植えつけて、傷つけているような感覚になります。

好きな人が悲しみを乗り越えてしあわせになってもらえるように、これからそういう関係性を築いていけばいいじゃないですか。ぼくはぼくが死んだあとに、妻と息子が時間をかけてゆっくりと悲しんだら、あとはおもいだし笑いをしてほしいんですよね。

あなたは相手のしあわせを願っているんでしょ、相手だっておなじことですよ。自分の不安を解消するために反対したりコントロールしてくる人とは雲泥の差なの。耳を傾けて大切にするべきは相手です。

でも、結婚してコイツないなっておもったら離婚したほうがいいよ。そこは病気とちゃんと切り離して考えようね。あなたも病人だからといって、わがままや傍若無人《ぼうじゃくぶじん》がなんでも許されるとおもったら大間違いだからね。病人と離婚したがってる健康な人がたくさんいるのも事実だよ。

つまり普通の結婚と一緒なの。病人とか健康とか死んじゃうからとかって、あんまり関係ないの。相手のことを大切にしましょう。相手もあなたのこと大切にしてくれます。あなたも相手もしあわせですよ。

親族だろうが友達だろうが誰かに反対されても、自分の気持ちを信じて大切に。ぼくは誰かに反対されようがあなたの結婚を応援しますよ。天国で見かけたら声かけてね。

The New

Q 人生は大変だけど、無駄な大変さを味わう必要はない

夫と付き合い始めた当初、夫は前の恋人を引きずっていて、あんなに愛することはもうないとか、私とは比べ物にならないほど賢い人だったとか言っていました。私は何度も泣いて抗議をしてたけど理解を得られず、初恋だから特別なのはしかたないし昔のことなのになんでムキになるのかわからないといわれました。

結局別れずに8年続いて元彼女のことは口にしなくなり、彼と結婚し、子供ができて、里帰り出産してひと月半ほど実家にいました。

帰ると夫は私の里帰り中に元恋人に会いに行ったと告白しました。彼女と別れてから苦しんだと話すと元恋人は感動してやり直そうといってきたといい、でも自分はもう父親だからだめだと断って、帰り道すごく泣いたと誇らしそうに言いました。

私は自分のこれまでがすべてくずれるようなショックを受けて、赤ちゃんをお世話しながらも涙がポロポロとまらなくて、どうしようもなく実家に帰りました。

実家に何度も訪ねてくる夫と話し合いましたが、夫は今は私と子供が自分に一番近しい家族で大切だから戻って来いといいます。子供から父親をうばっているんだ

ぞと言われました。そして過去に私に言った元彼女と比べるような言葉など、まるで覚えていなくて、言ってないといいます。

夫は、もし離婚をするときっちり決めるのなら、そのように覚悟をするといい、もしかして離婚したらもう子供とも会わないつもりなのかと思います。

そうすると、まだ赤ちゃんである子供の人生から父親がいなくなるかどうか、そんな重大な決断を私がしてもいいのか、そんなことを決める権利は私にはないと思うし、元彼女のことや私の苦しい気持ちは子供には関係ないことだし、それじゃあやり直さないといけないのかと思うのですが、夫のところに戻ると考えるとやはり涙がとまらず不安定な気持ちになります。泣いている赤ちゃんを抱っこして私も一緒に泣いてしまうし、にこっと笑ってくれるのをみても涙がでてくるのです。

長くてごめんなさい。読んでくださってありがとうございます。（ニコ　30歳　女性）

A

旦那さんがそれだけ愛してた元恋人と別れた理由って知ってます？　二人の愛を引き裂いたドラマチックな障壁があって、きっと感動するような美しい別れ話をあなたは聞かされているとおもうんです。でもね、たぶんそれウソですよ。

里帰り中に元恋人に会ったそうですけど、これもウソだとおもいます。すくなくとも元恋人が感動してやり直そうといってきて、父親だから断ったというのは間違いなくウソでしょう。これ男性なら直感的にウソって気づくんじゃないかな。奥さんに隠して元恋人に会いに行って、元恋人からやり直しを打診されたら、普通に考えて隠して不倫するんじゃないかな。

元恋人は賢い女性なのでしょう? 賢い女性が奥さんの里帰り出産中に連絡してきた元彼と、付き合おうとするとはおもえませんよ。訴訟のリスクもあるし、8年前の元カレで子持ち、自分だって結婚や出産などを考えちゃうアラサーなわけですよね。

賢い女性がなんで不良物件どころか地雷物件をわざわざ選ぶんですか、普通は幻滅して避けるでしょう。あなたの旦那がよっぽど資産家だったり著名人だったり、会社経営をしているとかそういうのだったらまだ理解できるけど、そうでもないでしょ。

父親になったことや結婚したことを隠して会ったのかともおもったけど、あなたの旦那さんはあなたにしたように、元恋人にもあなたのことをペラペラはなすとおもうんです。そしてあなたの存在を隠して会ったのだとすれば、尚更黙って不倫するんじゃないかな。

旦那さんウソをついてますよ。きっと帰り道にすごく泣いたというのがせいぜい本当のことでしょう。元恋人と会ったことが本当だとしたら、旦那さんはきっとコテンパンにふられているとおもいますよ。

なんでそんなウソを旦那さんがついたかといえば、旦那さんなりの誠意や覚悟を示したつもりなんでしょうね。「オレは元恋人よりも、おまえと子どもを選ぶぞ!!」ってね。感動するような美しい話にするつもりだったんでしょう。もしくは里帰りがさみしくて、ただ気を引きたかったか。

あなたが感動をして泣くか、嫉妬をして泣くか。どちらかの涙を期待しているんだとおもいます、歪んでるよね。あなたにたいしての歪んだ愛情表現なんでしょう。

8年前に元恋人の自慢をしていたのも「すごい恋人と付き合っていたオレが、おまえと付き合っているんだぞ!」と示したいのか、せいぜい嫉妬させて気を引きたかったんでしょう。

まともな人間だったら、一度相手を泣かせてしまったら、普通は繰り返さないように気をつけるわけです。あなたが何度も泣いて抗議したということは、わざとやっているんですよ。あなたが泣くのがうれしくてね。そうじゃないとしたら病院で相談したほうがいいんじゃないかな。

きっと8年前も元恋人にふられているとおもうよ、旦那さんってきっとプライドが高いナルシストだから、ふられたことが納得できていないんだとおもう。自分が拒否されたことが受け入れられなくてウソで塗り固めているんじゃないかな。

たぶん元恋人のことだけじゃなくて、ほかにもいろいろウソをついているとおもうよ。後輩に奢《おご》ったとか、金を貸しているとかいってない？　貸しているどころか、隠し借金とかカードローンがないか確認したほうがいいよ。

ぼくはあなたの旦那さんがただのウソつきで、自分にベロンベロンに酔ったナルシストだとおもうけど。あなたが育児で子どものことに集中したら子どもに嫉妬して、あなたの気を引くためにこれからもたくさん元恋人のウソをつくでしょう。

そして旦那さんはそのうちお子さんに対してもウソをつくようになるでしょうね。古典的なところでは、おまえは川で拾ってきただとかいっちゃうの。これいっちゃう親ってカスだよね、親じゃなくてカスだよね、桃太郎の読みすぎだよ。

あなたの旦那さんの場合は、「おまえがうまれたばかりのころに、ママがパパとおまえを引き裂こうとしたんだよ」って子どもにいっちゃうだろうね。自分だけは清廉潔白《せいれんけっぱく》にしてキラキラ感動話にしたつもりで、子どもを川で拾った話よりも遥かに大きくて深い傷を子どもの心に残すでしょうね。

それが旦那さんの子どもに対しての愛情なんです、歪んでるよね。歪んだ愛情表現ってつまり毒親なんですよ。未来の予想で申し訳ないけど、ぼくはあなたの旦那さんってカスだとおもいますよ。それにそこまで大きく予想を外していないとおもうよ。

付き合っているときも、結婚したあとも、旦那さんのカスなところって目についているとおもうんです。結婚しているあなたが気づかないわけないですよね。でも余裕があるときは目をつぶれるし耐えられるし、子どもがうまれたら変わってくれるかもって期待しますよね。

余裕があるときはそれでもいいのだけど、いまはもうすべて崩れてしまったでしょう。里帰りしたあなたが悪いわけではなくて、旦那さんが痛々しいほどカスなだけだよ。

子どもがうまれると、男性って多少なりとも変わるとおもうんですけど、期待する気持ちがそうさせてしまうのか、夫がパパになっていい方向に変わる、もしくは悪化する可能性もあるわけです。

離婚をしたってあなたの旦那さんは「子どものことを愛している、一日も忘れた日はない」って誰かにはなして自分を泥酔させるネタにするだけだよ。

離婚をするか、このまま家族を続けるのかはあなたが決めればいいんじゃない？　だって傷ついたのはあなたでしょう。それを子どものためにってことにされても、子どもからすればいい迷惑でしょ。あなたが許せてこれからも覚悟できるなら家族を続ければいいんじゃない。決断する勇気のなさを子どもに押し付けるのをやめなよ。子どもからすれば「わたしのせいにしないでよ」ってなるよね。

子どもができるとさんざん「子どもがかわいそう」っていわれるの。スマホをいじってりゃかわいそう、レトルトやジャンクフードを食べさせたらかわいそう、母乳で育てなきゃかわいそう、保育園にいれりゃかわいそう。

「子どもがかわいそう」って言葉はとても強烈で親を追い詰めるのよ。あなたは離婚したら子どもがかわいそうっていわれるとおもうけど、耳はかさないほうがいいよ。メンタルと育児には悪影響だから。

タレントの不倫がバレると、不倫した当人たちをメタメタに叩いて、当人たちの配偶者たちや子どもを「かわいそう」って擁護《ようご》したりする人がいるけど、あれって擁護しているつもりで「かわいそう」って言葉で強烈に叩いているんだよね。赤の他人でヒマ人の歪んだ愛情表現なんか気にしちゃダメだよ。

子どもを育てていると、「これからが大変よ」って謎の子育てマウンティングをしてくる人もいるのよ。あれってウソだからね。子育てはいまがいちばん大変で、これからどんどん楽になっていくから。

いまは気を抜くと子どもが死んじゃうんじゃないかっておもうし、食事もオムツも夜泣きも大変なんだけど、成長してくると自分で歩いて食事をしてトイレも自分でいってくれるの。不満なことも希望も言葉で説明してくれるし、うまれたばかりの赤ちゃんっていちばん大変。

日に日に子育ては楽になるよ、マジで。でも成長すると年齢層相応の大変さがあるの。例えば保育園で喧嘩をしたとかだけど、人生ってそういうものだよね。小学生になっても高校生になってもそれぞれ大変さってあるでしょ。

あなただって30歳らしい大変さをいま味わっているわけじゃないですか、それが人生だとおもうけど、無駄な大変さは味わう必要はないよね。子育てなんてどんどん楽をして、あなたの人生もどんどん楽をしたほうがいいよ。

あなたなら大丈夫

Q

障がいを持つ子どもの親になったことを受け入れられません。

先日、女の子を出産しました。

先天性の異常が有り、今後身体的に不自由が出たり、意思疎通が取れるかもわかりません。

毎日が辛く、子どもを心から可愛いと思えません。

看護師さんや、周りの人たちから「この子はお母さんを選んで生まれてきたんだから」とか「神様は乗り越えられない試練は与えないんだ」などと良く言われます。言われる度に辛くなります。言えないけど、そんなの選ばれたくなかったし、健康な子が良かったよと思います。

なんで自分の子なんだろう？　そう思う度に、子どもに罪はないのにこんなことを考えてしまって申し訳ない気持ちと、自分には荷が重すぎて消えて無くなりたくなります。

旦那はなるようにしかならないとしか言いません。考えることから逃げているように思います。自分の親も義両親も口にはしませんが落胆しているのがわかります。

大きくなったら一緒に遊んだり、悩んだり、色んな話をしたりしたかった。

正直、義務感で育てています。

今は赤ちゃんなのでパッと見わかりにくいですが、これからどんどん違いが顕著になってくるんだと思うと苦しく、周りの健常児の子が羨ましくて仕方ありません。

障がい児とその親、という目で見られるのも苦痛です。

親になる資格や度量がなかったのかもしれません。嫌な親だと思います。でも育てなければならない。どうやったら周りと比べず子どもを心から愛して受け入れられるでしょうか？

幡野さんは質問に答えるとき、息子さんに相談されたと考えて答えるとおっしゃっていますよね。もし、息子さんの子どもが障がいを持って生まれて、一生話が出来ない子だったら、どう思いますか？　悲しいですか？　不幸だと思いますか？

ご気分を悪くされたら申し訳ありません。

このコロナ禍、幡野さんも神経を使う日々と思います。お身体ご自愛下さい。

これからも幡野さんの写真や文章を楽しみにしています。（匿名希望 30歳 女性）

A

あなた正直ですね、本当にすごく正直。正直な人って誰かを傷つけてしまったりするのですが、ぼくはあなたみたいな人が好きです。正直な言葉って人の心を揺さぶりますよね。「神様は乗り越えられない試練は与えないんだ」なんていってしまうなんちゃってキリシタンのごまかしの言葉とは大違いですよ。

試練なんてなけりゃないほどいいし、神様に試練を返品したいっておもいますよね。神様、その試練はありがた迷惑だよ。

なんちゃってキリシタンの頬を殴っても、殴られた頬を手で押さえるだけで、反対の頬をだしてこないだろうっておもうと、本心から神様うんぬんなんておもってなくて、ごまかしの言葉なんだとわかります。

何をごまかしているかというと、その場の空気をごまかしているんですよ。なんちゃってキリシタンからすると気まずいんですよ、なんて声をかけたらいいかわからないから。あなたの気持ちを受け止めているわけじゃなくて、空気をごまかしているだけなんです。香りでごまかす芳香剤みたいなものなんです。

悩みは誰かにはなすだけで楽になるなんていうけど、ちょっと誤解しているなってぼくはいつもおもうんです。はなすだけで楽になるのは、正直に本音をはなせたときと、それを否定されなかったときだけなんですよね。ただはなせばいいってもんじゃありません。

あなたのお子さんに対する正直な気持ちって、もうはなせなくなっちゃっているんじゃないですか？　家族にも友人にも医療者にもいえなくて、もしもはなせばそんなことといっちゃダメよっていわれて、あなたが自己嫌悪におちいる無限ループ。

あなたはすでにお子さんの障がいとは別のものに苦しんでますよね。周囲の目と口なんて気にしちゃダメだよ。清廉潔白で聖人君子なマリア様みたいな母親でなければいけないとおもっているんだろうけど、誰かの求める母親像になろうとしなくていいんですよ。それを求めてくる人間が、ごまかしの世界と言葉で生きているんだから。


『わたしはダフネ』という6月に公開される予定だったイタリア映画をみたんです（公開延期）。なんで公開前の映画をぼくがみたのかというと、映画を鑑賞して短いコメントがほしいってお仕事だったんです。そういうコメントって書籍とか映画とかによくあるじゃないですか、あれですあれ。

そういう仕事をしたから書くわけじゃないし、ネタバレもちょっとあるから困る人は鍛《きた》え上げた指で素早く次のページまでとばしてほしいのだけど、父親とダウン症の娘が二人で旅をする物語なんです。旅の目的は、急に亡くなってしまった母親のお墓参りです。

父親と娘はきっともともと関係が上手くいってなくて、二人の関係を繋《つな》げていたのが母親だったんです。母親が亡くなったことでバラバラになりかけた親子が、悲しみを乗り越えるという共通点で親子関係を再構築するという話です。

映画はとても良かったのですが、この映画の主役であるダウン症の娘を演じているのが、本当にダウン症の女性なんです。

映画のなかで彼女は、スーパーで働いて、パソコンやスマホを使いこなし、旅先で出会った人と恋愛話をしたりするんです。もちろんこれは映画ですけど、映画だからこそ台本があって、どういうシーンか把握をして、自分の演じる役柄がそのシーンでどう感じるか類推して演技をするんです。

あまりにも自然で上手い演技をするので、ドキュメンタリー映画や本当の家族なのかと錯覚をするほどでした。もちろんダウン症の程度がおおきく関係しているとおもいますし、ダウン症にたいするぼくの偏見や知識不足があったのだとおもいます。

映画のなかで父親が、旅先で出会った人に「ダウン症は何もできないとおもっていた」と本音をもらすシーンがあるんです、「うまれたばかりのときは、見るものつらかった」ともはなします。

そのあとに、「成長すると母親に似てなんでもできるようになった、私が病気になったときは注射すらしてくれた」とはなし、そのシーンは終わります。とても胸をうつシーンです。もちろん映画のセリフですが、映画のセリフというのはとても練られているので、もしかしたら誰かが体験した正直な言葉なのかもしれません。

お子さんがどんな障がいなのかはわからないけど、ダウン症へのイメージってすこし変わりますよ。イタリアの福祉や教育が大きく関係するとおもうけど、それでもぼくは可能性のようなものを感じましたよ。機会があったらぜひみてください。

「もし、息子さんの子どもが障がいを持って生まれて、一生話が出来ない子だったら、どう思いますか？　悲しいですか？　不幸だと思いますか？」

ぼくはまったく悲しくはありません。息子夫婦と子どもが不幸だともおもいません。だからといって障がいを持ってうまれたことを喜ばしいことだとも、幸運だともまったくおもいません。

たぶんですけど、男の子がうまれた、女の子がうまれた、障がいのある子がうまれた。ぼくはそれくらいに捉えてしまうような気がします、そう捉えるように努力をするのかもしれません。もしかしたらそれで息子夫婦と子どもを傷つけてしまうかもしれませんが、ぼくはそういう性格の人間です。

そして息子夫婦のメンタルを気にするとおもいます。きっとなんちゃってキリシタンのＪ－ＰＯＰならぬＧＯＤ－ＰＯＰ（以下Ｇ－ＰＯＰ）な励ましに、苦しんで悩むであろうことが容易に想像ができます。なんで容易に想像ができるかというと、あなたが正直な言葉にしてくれたからですよ。あなたの相談って、まるで映画をみたあとの問いかけに似ています。

あなたが健常者の親と比較の目でみられることが苦痛であるように、ぼくとあなたたちの両親を比べる必要もありません。所詮はおなじ立場に置かれていない人間の言葉です。外野だからなんとでもいえるよ。そしてご両親からすれば、そうやって比較されることは苦痛でしょう。

あなたたちの両親が落胆したのであれば、あなたたちに配慮して言葉にしない本音があって、それを誰かにもらせば「神様は乗り越えられない試練は与えないんだ」ってＧ－ＰＯＰを奏でられてしまうとおもうんです。

ぼくが病気になったときに感じたことなんですけど、現実を受けいれるというのが乗り越えるためのいちばん良い方法だとおもっています。でもこれは医療者からほぼ１００％怒られます、怒られる理由も理解ができます。なぜなら病気や困難を受けいれることが苦痛である患者さんがとても多いからです。

コロナの影響だってそうですよね、新型コロナウイルスがある社会を受けいれられる人って、とても少ないんじゃないでしょうか。

ぼくは病気になったときに、とても悲しみました。そして本音を大切にして、正直にいようとおもいました。ごまかしの言葉ではごまかした気持ちしか伝わらないからです。そして後悔や悲観をしても現状が良くなることはないと理解をしました。その上でこれからをどうするか考えました。そうやって受けいれていきました。

健常の子どもと比べるのは無意味だとおもいます、それはもちろんあなたも理解しているとおもいます。でもこれって障がいのある子どもだけじゃなくて、健常な子どもだっておなじことですよ。周りと比べようとすることが、苦しめる原因です。比べることが無意味であると、理解をすることが第一歩です。

受けいれるのであればきっと時間がかかるとおもいます。もちろん受けいれられなくたっていいんですよ。

でもあなたならできるんじゃないかとぼくは感じるんです。そうじゃなかったら毎週たくさん届く相談でわざわざあなたの相談を選んでいないとおもいます。考えかたを上手く整理できれば、あなたなら大丈夫だと伝えたかったんだとおもいます。

これもＧ－ＰＯＰな励ましと変わらないものかもしれません。もしかしたら余計に苦しめているかもしれません。

あなたはいまは子どもを心から可愛いとおもえないし、義務感で育てているのかもしれないけど、「どうやったら周りと比べず子どもを心から愛して受け入れられるでしょうか？」ってこれから愛する方法を模索していますよね。

しかも周囲に期待をしたりするのではなくて、自分が変わろうとしていますよね。ぼくはそこにあなたなら大丈夫であろうという可能性を感じました。でもゆっくりでいいんですよ、あなたもお子さんも人生は長いし、マラソンをフルスピードで走らなくていいとおもうんです。

もうすでに、お子さんを愛しはじめているんだとおもいます。

ぼくに相談するのがそもそも間違い

Q

こんにちは幡野さん、僕は19歳の男性です。

恋愛相談について相談があります。僕には高校時代の3年間大好きな人がいました。それは学校の担任の先生です。理由としては最初は見た目から入ったのですが僕が高一の時に家族内での悩み事を抱えていた時自分の最寄りの駅でわざわざ僕のために話を聞いてくれてその時凄《すご》く嬉しくて、今思えばそれが初めて先生を恋愛として意識した時なのかなと思います。ですがあまり学校では目立たないキャラが定着していたのもありなかなか1歩を踏み出すことが出来ず気づけばこの間卒業してしまいました。ワオ。それでも絶対告白するぞと思い卒業式の次の日に電話で告白しました。結果は撃沈。生徒としてしか見れないと言われてしまいました。確かに僕は先生にアプローチをかけられなかったし、かけて誕プレぐらいで、話しかけるのも恥ずかしくってまともに喋れなかったのもあるのでフラれて当然だと思います。それは告白する前から思ってたことなのでその後、振り向いて貰《もら》えるように頑張ろうと思っていたのですが恐らく僕は先生から避けられていると思います。メッセージを送っても反応がないので恐らくそうです。また、先生は実は30代で結婚も考えている年齢です。僕はまだ結婚は難しいのでそこも僕が踏み出せない理由でもあります。もちろん僕はそこも含めて先生の事を好きになりましたが僕が経済力を手に入れるのにあと何年かかるのかはまだ分からないですし、（おそらく早くて3〜4年では？）先生もおそらく他に好きな人や気になってる人はいるのではと思います。これだけでも頭を抱えているのに今度僕が通う学校で気になってる人を見つけてしまいました。まだ恋愛として好きではないのですが入学する前に仲良くなった子でこれからを考えるなら年齢が近い人の方が良いのでは？　と思ったりもします。気持ちはまだ先生の方に向いていますが今後の生活や時間で冷めてしまうかもしれません。僕はまだ家族を養うことの大変さなどの実感が湧かないので現実的に考えて生徒と教師、10代と30代の恋愛はありかどうかその辺も含めてお答えして頂けるととてもありがたいです。また、先日「なんで僕に聞くんだろう。」を購読しました。とても興味深くて僕の人生のアドバイスになってくれています。ありがとうございます。今後とも仕事や相談など幡野さんを応援しています。長文失礼しました。（ジョニジョニ 19歳 男性）

A

相談文が読みづらいよ……すんごい読みづらい。途中で読むのをあきらめようとおもったけど、突然あらわれた〝ワオ〟がわりとおもしろくて、あきらめないで最後まで読もうとおもいました。

それでもやっぱりとんでもなく読みづらいから、原稿を書くアプリにコピーエーンドペーストをしてざっくり改行をして読みました。改行をするだけでずいぶん読みやすくなるよね。

あなたみたいに改行をしないで文章を書く人ってけっこういるんですよ。ひとくくりにして大変申し訳ないけど、経験則では圧倒的に理系男子におおい。改行レス文章のことを羊羹《ようかん》一本ってぼくは呼んでます。羊羹って、一本じゃなくて一棹（さお）って数えるんだけど、ぼくは一本って呼んでます。なんでわざわざ一棹と一本のくだりを書いたかというと、ただのクソリプ防止策です。

羊羹って適度に切ってあるから美味しく食べられるんだよね。アメブロによくある改行しまくる文章もどうかとおもうけどね。ぼくはアメブロの長い改行を深い息継ぎって呼んでます。

文章ってただの日記じゃないかぎり、誰かが読むものなんです。時間を使って読んでもらうものなんです。贈り物のようなものだから、読みやすいものにすることが大切なことなの。わざと難しい文章を書く作家とかでないなら、自分の考えやおもいを綴《つづ》りつつ、読んでくれる相手のことを考えないといけないんです。

あなたが先生と恋愛をするために効果的なメッセージを書けているのかとても疑問です。そもそもアプローチをしていなかったのに、いきなり告白をしてフラれて、フラれたあとにメッセージを送っていても効果は薄いでしょう。返信がないのは当然です。

順序としては告白をする前にアプローチをして、相手に薄々と恋愛感情を伝えつつ、その上で相手の反応を読み取って告白をする。というのが恋愛をする上では効果的です。

しかも相手は教師です。教師に恋をするなってことじゃないけど、かなりハードルは高いよね。教師だからといって恋愛をしないわけじゃないし、元生徒と付き合っている人とか結婚をしている先生だっています。

ぼくはいま、ある企画で複数の現役教師にインタビューをしているんです。興味深いのはみなさん若かったころに生徒との関係で何かしらの失敗をして、痛手を負っているんです。恋愛ということではなく、生徒の相談に個人的にのったことで失敗をして、失敗を繰りかえさないように……という考えから、生徒と距離をとるようになったという先生がわりといます。

若い先生ほど、生徒のためをおもって自分を削ってでもがんばってしまう傾向がありました。あなたが家族のことで悩んでいるときに、先生はなんとかしてあげたかったんだとおもいます。

でもあなたが告白をしたことで、先生はもしかしたらこれから男子生徒の相談を受けるのをすこし警戒してしまうかもしれません。

あなたとの年齢差や、教師の職業倫理を考えると、きっと先生は自分のことを責めています。そしておなじ失敗を繰りかえさないために、生徒と距離をとるようになるでしょう。良くいえば先生を成長させたってことなんだろうけど、悪くいうと先生の熱意に水をかけてしまったかもね。ワオ。

生徒と付き合うことができない人なら、告白されても断るという選択肢しかなくて、そのせいで生徒を傷つけるって考えてしまうだろうし、先生はいまごろ後悔をしているとおもうよ。自分のせいであなたのことを傷つけてしまったと考えているとおもいます。

やっぱり先生と付き合うことも、ましてや結婚は厳しいとおもうんです。先生だからというよりも、30代の独身女性で、結婚とか出産のことを、親戚から耳でタコが授業をするほど散々いわれているだろうし、10代の子との恋愛はしにくいとおもうんだよね。

あなたは真剣に考えているかもしれないけど、付き合ってもいないのに家族を養うとか経済力だとかといいつつも、すでに気になる人があたらしい学校で見つかったとか、その辺はやっぱり19歳らしい恋愛観であって、結婚を前提に考えるような30代の恋愛観とはちょっと違うんですよ。

だいたい経済力が伴うまで結婚ができないなんて、女性の時間だけ消費させるような恋愛はよくないよ。自分の感情しか優先していないじゃん。あなたは若いから時間があって、これから次の人と恋愛できても、相手がそうであるとは限らないからね。

あなたが結婚相手になるには経済力も必要かもしれないけど、もうちょっと経験と成長と勉強が必要かな。もしも先生があなたのこの相談文を読んだら、あぁ付き合わなくて良かったってほっとするとおもうよ。告白電話では伝わらなかったであろう身勝手な本音が詰まってる。

羊羹一本文章にしても、恋愛観にしても、自分の気持ちを優先しすぎて、相手のことを考えるということがまだできていないように感じるよ。


あなたの場合は、あたらしく気になった女性に恋をして、成功するも失敗するも経験をつんで成長をするのが、ずっといいとおもう。関係性も作らずに、いきなり告白したってダメだからね。ちゃんと会話して相手のことを考えたコミュニケーションをとるの。羊羹一本ラブレターもＬＩＮＥも読まれないし、読んだあとに魅力は感じないの。

恋愛はいかに相手のことを考えられるかが大切です。これは付き合ったあともです、身勝手で相手のことを考えられない人って男も女も最終的にはフラれるよ。あなたも身勝手な人と付き合ったらスパッと別れたほうがいいよ。

ここまで偉そうにいってきたけど、ぼくに恋愛相談をしてくるのがそもそも間違いなんだ。ワオ。男性同士の恋愛アドバイスほど女性からみれば勘違いしているものはないんだよ。男性誌とかでたまに「コレでキミもモテ男！　恋愛指南！」みたいなものってあるけど、マジで勘違いしているとおもうよ。

ＡＶなんか勘違いの日本代表の金メダリストみたいなものだからね。ＡＶのセックスが普通だと絶対におもわないほうがいいよ。女性の気持ちを知りたいなら、女性誌の恋愛特集を読んだほうがいいし、できれば恋愛相談は女性にしたほうがいいよ。

もちろん女性誌の恋愛特集だって勘違いはあるんだけど、そういうお互いの勘違いと誤解で成り立っているのが、恋愛だともおもうよ。女性と恋愛するのだから、女性の勘違いをバカにしないで勉強をすることも大切だよ。

そしていちばんいいことは、あなたがモテる人間になるってことです。男がモテるってイケメンとかルックスが必須条件のようにおもわれがちだけど、これはあくまで第一印象の話であって、絶対条件ではないんだ。ハードルが高いようにおもうかもしれないけど、じつはそんなこともない。

モテる人間になるって、自分の好きなことをして、自分がなりたい人になるってことなの。あたらしい学校で何を勉強するのかわからないけど、たくさん勉強するといいよ。そして好きなことをたくさんするの。

それだけでだんだんとあなたは輝くよ、仕事ができる男性ってモテるもん。それから相手のことをおもいやれること、相手をバカにしないこと、自分が卑屈にならないこと。これがあれば自然と女性のほうからアプローチがかかるよ。

アプローチをちゃんと把握するために、女性の気持ちを勉強することも大切。義理チョコや社交辞令をアプローチって勘違いしちゃうことほど恐ろしいものはないし、アプローチに気づかないとチャンスをスルーしちゃうからね。

「コレでキミもモテ男！　恋愛指南！」みたいに結局なっちゃって、おおいに勘違いが混じってるとおもうけど、男が男に恋愛相談するのが間違いなんだ。

それから先生にメッセージを送るのはひとまず止めよう。そのかわり1年ぐらいたったら直筆で手紙を送ってみるといいよ。すこし気持ちを整理して、家族のことで悩んでいたときに相談にのってくれて嬉しかったこと、それから好きだったことを感謝の気持ちをベースに伝えてみよう。告白をするんじゃないからね、お礼を伝えるの。

きっと先生もよろこぶとおもうし、後悔も和らぐよ。その手紙が先生をまた成長させるかもしれない。もしも返事がきて、先生からアプローチがもしもあったらまたあたらしく恋愛をはじめるといいよ。

これ大事なことだからよく聞いてほしい

Q

今年大学受験に失敗し、浪人している者です。

失敗からもう2ヶ月が経とうとしているのに、いまだにひきずっています。

わたしが通っていた高校はいわゆる進学校と呼ばれるところでした。周りの子達はみんな頭が良くて、私は落ちこぼれでした。

だからこそ、人より頑張らないと人並みにはなれないと思い、色々なことを犠牲にして早い段階から受験勉強もしていました。

それでも、皆が当たり前に受かっている大学にも私は合格することができませんでした。

どうしてなんだろう、なんで自分はこうなってしまうんだろう、今まで何のためにやってきたんだろうって思いました。

こんな自分が恥ずかしくて、友達にも不合格だったことをほとんど言えていません。本当に仲の良い友人には話し、励ましてはくれましたが、私は「心の中では私を馬鹿にして哀れんでいるんだろうな」と思ってしまいます。

多分ただの被害妄想なのに、惨《みじ》めでたまらなくなってしまうので、あまり連絡を取らないようにしています。相手には、「勉強頑張るからあんまり連絡できないんだ、ごめん」と言ってありますが、正直全然勉強してなくて、ただなにをしているのかもよく分からないような毎日を過ごしています。引きこもりみたいな感じです。嘘をついていることに罪悪感があるし、こうやってまだ見栄を張っている自分はすごく痛々しいと思います。

わたしは自分の実力以上の高いプライドを持ってしまっている人間で、常に人の目ばかり気にして、すごいって褒められたい、だから頑張る、ということを繰り返してきた人間です。勝ち負けの尺度でしか物事を見れない気持ち悪い人間なんだと思います。

幡野さんが勝ち負けを嫌ってらっしゃることは分かっています。不快に思われていたら申し訳ありません。

私は、受験直前の2月の勝負の時期に、精神的に辛くなってしまい、塾でも電車でも、場所を選ばずになぜか涙が止まらなくなることが多くなり、絶対に受かるんだという気持ちをもてなくなり、「とりあえずこの1ヶ月を乗り切れば、なんとか持ち堪《こた》えれば、」という気持ちしかありませんでした。入試のときどうだったとかも正直あまり覚えていません。こんなメンタルの弱い人間だから落ちたのかもしれません。

　母はすごく私のことを考えてくれていて、「無理しなくていい、専門学校にしてもいいし、３月からでも出願できる大学に行ったって良い」と言ってくれて、私の意思を尊重してくれる、本当に良い母親です。浪人することを私自身が決めたときには予備校に通うお金も出してくれて、自分はすごく恵まれた環境にいるのだということも感じています。だからこそ、来年こそは絶対に受からなければならない、そのために今から頑張らなければならないと思っています。

　でも、勉強していても、全然集中できません。母は「気分転換した方がいい、料理や映画、家でできる運動など色々楽しいことをやればいいよ」と言ってくれるのですが、何をする気にもなれず、ただぼーっとしているだけです。

　昼間は将来のことを前向きに考えられる時もあるのですが、夜は決まって気持ちが落ち込み、ベッドに入ってから過去のことを色々思い出して涙が出てきて眠れず、昼夜逆転にどんどん近づいていってしまっています。挫《くじ》けて立ち直ってまた挫けての繰り返しです。応援してくれる母を裏切っている自分が本当に嫌になります。

２ヶ月経った今でもそんなことをずっと繰り返しています。今年失敗した人たちも今はちゃんと前を向いて進んでいるのに、自分だけずっと取り残されたままでどんどん置いていかれているように感じています。このままじゃだめだ、もっと集中して頑張らなければ、と焦れば焦るほど涙が出てきます。

多分自分はまた頑張って失敗することが怖いんだと思います。それで精神的にどうだとか涙がどうだとかを、落ちた理由や頑張れない理由にもしたいんだと思います。でもそれがわかっているのにわたしはずっと前を向けないままです。

ちゃんと現実を受け入れて前を向くにはどうしたら良いのでしょうか。

まとまりのない文章になってしまってすみません。（匿名18歳）

A

あなたのことをバカにして哀れむ大学生ってどれくらいいるかな？　4月に入学した大学生だってコロナの影響でキャンパスに通えてないでしょ、苦肉の策でオンライン授業はできているのかもしれないけど、大学の施設も利用できないし、人との交流もないのだから大学の魅力って半減するよね。

魅力は半減しても、学費は絶対に半減しないだろうし、アルバイトしてる大学生の収入は半減しても、一人暮らししてる人の家賃や支出は半減はしないよね。それでいてこれから数年間は就職氷河期になるとおもうから、奨学金を借りている人はかなり大変だよ。どう控えめに見積もっても状況は最悪でしょ。

いま40歳から50歳ぐらいの人たちをロストジェネレーション、ロスジェネ世代っていうんだけど、不景気のせいで社会から冷遇された世代なんだ。あなたぐらいの世代ってロスジェネ世代の冷遇をこえるとおもうよ。コロナショック世代、コロショクって呼ばれちゃうよ。

あなたの友達はあなたのことをバカにしてる余裕はないんじゃない？　正直なところ、もしもぼくがあなたの立場だったら、大学に落ちてマシだったかもって感じるだろうなぁ……。9月入学案が検討されるぐらい、学校のありかたがこれから変わるんだから、浪人することが悪いこととはおもわないけど。

来年ガラリと変わるあたらしいスマホが発売される可能性が高いのに、本来の性能を発揮できない型落ちのスマホをローン組んで買うよりも、ぼくなら1年待つかな。しかもあたらしいスマホと型落ちのスマホがおなじ金額なんだよ。

魅力を落とさずにこれから大学が変われればそれでいいし、魅力を落としたり不透明なままでいれば受験生が減ってあなたが受かりやすくなるし、どっちにころんでも、あなたにとっては現在見積もれる最悪な状況が、すこし値引きされるとおもうよ。

あなたのいってる「ちゃんと現実を受け入れて前を向く」って、大学に落ちたダメな私を受け入れるってことなんだろうけど、それって一つの事実かもしれないけど現実ではないよ。現実はもっと広い視野で見たほうがいいとおもうよ。

人それぞれのたくさんの事実が複合的にかさなった現実があって、人それぞれの視野や視点があるし、現実を受け入れるポケットのおおきさも、ポケットの縫いかたまで、人それぞれだからね。

あなたにしか存在しない現実があって、それはあなたにしか見えない。だからぼくは人と比べることが無駄だとおもっちゃうし、勝ち負けにこだわることが好きではないの。

勝ち負けの世界で勝っているときは気持ちがいいけど、自分よりも若い人には勝てなくて、いつか絶対に負けるんだよね。勝ち負けの世界で生きたいなら、自分が負けることを許容する人になったほうがいいよ。勝つことを求めて弱い村人を襲うゴブリンみたいなおじさんとおばさんっていっぱいいるもん。

あなたのお母さんってめちゃめちゃいいお母さんだとおもうよ、でもだからといってお母さんのために受からないといけないとか、がんばらなきゃいけないとか、自分で自分を責めて追い詰める必要なんてないでしょう。お母さんのためにがんばらなくていいし、お母さんもがんばることをあなたに求めていないよ。

自分を責めて追い詰める勉強法で成果を出すどころか、勉強ががんばれないという悪循環に陥《おちい》っているんだから、やっぱり合ってないでしょ。ぼくもいろんなことを間違ったり失敗したりするんだけど、そういうときは一気にやりかたをガラッと変えているんだ。

ぼくはいままで成功した数のだいたい5倍ぐらい失敗をしてます。そしてこれからも5倍ぐらい失敗をします。失敗をしても失敗をいかせば成功にたどり着けるし、適切な努力だって必要ですよ。でも失敗とか努力ってわざわざＳＮＳにアップしないから、はたから見たらサラッと全戦全勝みたいになっちゃうんだよね。

自分は恵まれた環境にいる、お母さんを裏切っている、自分の努力が足りない、メンタルが弱い自分が悪い、もっとがんばらなきゃっておもってるのだろうけど、もう充分がんばっているわけですから、いったん勉強をがんばらないって方向にガラッと変えたほうがいいよ。

コロナの件もあるし、一度勉強をストップして様子を見たらどうかな。あなたが将来就職したい会社があっても、来月倒産するかもしれないし。半年後にアメリカと中国が戦争するかもしれないし。大学に入学すれば卒業も就活もあるんだから、入学を先延ばしにすればするほど景気は回復するから、あなたにとっては有利だとおもうよ。

それでね、これ大事なことだからよく聞いてほしいのだけど、たぶんあなたはうつ病だとおもうんだ。いきなりあなた病気だよってことを、よりによって死にかけの病人にいわれたもんだから、ショックだしムカつくとはおもうんだけど、いちど精神科を受診してほしいんですよ。

いきなり一人だと不安だろうし、お医者さんの話も頭にはいりにくいだろうから、お母さんに相談をしてお母さんと一緒にいってほしいんだよね。病院にいってうつ病だったら治療をすればいいわけだし、うつ病じゃなければネットにぼくの悪口を書いてスッキリすればいいわけだから、病院にいくのはどっちにころんでも悪いことじゃないとおもうんです。

メンタルが弱いこと自体は悪いことじゃなくて、たぶん普通のことです。ぼくだってすごくメンタルが弱いんだわ。でもそういうのをＳＮＳにアップしないから強い人って勘違いされちゃうんだよね。

ぼくもがんになったばかりのときはうつ状態に陥ることがあって、とてつもない不安に襲われたんだよね。夜眠れなくて一人でぼーっとしてると、涙が出てきたり絶望を感じたり。自分が存在してはいけないように感じて死にたくなるの。努力ではまったく解決できない状態になったのに、周囲からは「がんばって!!」なんていわれるもんだから苦しめられたんだよね。

ぼくも一時期は精神科を受診して、抗不安剤を処方してもらってたんだ。不安が襲ってきたときに抗不安剤を服用すると、かなり楽になったんだよね。いまは服用していないけど、もしものときのために財布に一錠だけ入れてあるの。

去年ＴＥＤｘっていうアイディアを世界にプレゼンテーションするイベントに登壇したんだけど、リハーサルで失敗ばっかりで一度も成功しなくて、めちゃくちゃ緊張した。人生でいちばん緊張したとおもう。

逃げ出したくなるほど緊張したから、仮病をつかって逃げようとしたんだよね。がん患者の仮病って絶対にバレないんだわ。仮病って見抜けても指摘は絶対にできないでしょ？だから攻守ともに最強なの。でもちょっと申し訳ないから3万円ぐらい控室のテーブルに置いて逃げようって財布をあけたときに、抗不安剤のことをおもいだして服用したの。

そしたら、リハーサルだと失敗だらけで一度も成功しなかったのに、緊張しないで成功できたんだよね。ＴＥＤｘで偉そうなことをいってたんだけどドーピングなんだわ、これマジだよ。ぼくはこうやって失敗をたくさんしたり、弱さを補ったり誰かに助けてもらっているの。

だから別にいいじゃないですか、失敗したり弱くたって。あなたのお母さんは気分転換して楽しいことをやればいいってあなたにいって、ぼくは勉強をストップして様子見をしたほうがいいってあなたにいっているけど、お医者さんはなんていうかな？

三人の意見をまとめてちょっと参考にしてみてよ。自分でいうのもアレだけど、この三人の共通点って弱い村人を襲うゴブリンじゃないってことだよ。大学に落ちたぐらいで甘えるな!!　っていってくる人がいたら、それは人じゃなくてゴブリンだから、ボコボコに倒すかさっさと逃げ出そう。

相手をコントロールしたがる人間とのトラブルは勝利条件を見極めること

Q

母を病気で亡くし、父との関係に悩んでいます。

父は私が小学生の時から「俺の言うことを聞けないなら家を出ていけ」という人でした。

何か言われて少しでも反対するとすぐに「出ていけ」です。高校・大学時代は「養育費を返せ。学費を返せ。」も付け加わりました。

それを母がずっと守ってくれていました。父とは中学くらいから、まともに会話していませんでした。

母を亡くしてからも喧嘩をし「もう二度と会わない」と宣言しました。「二度と会わないなら学費を返せ。今までの養育費を返せ。」が始まりました。

喧嘩の内容は実家（父が一人暮らししています）に私の学校の同窓会の案内が来ていたのに、返信期限を何週間も過ぎてからそのことを知らせてきたからです。僕は悪くない、郵便転送しないのがいけない（していますが間違えて届くことはあるかと思います）忙しくて内容を見ていられない、というのが言い分です。

父は母の遺産も合わせればお金には全く困っていません。お金でしか人を従わせることができない悲しい人だと思います。

私は仕事をしていますが20代なので、返すと言っても大学の学費さえ返せないほどの貯金しかないのですが、返せるだけ返して本当に縁を切るか、返さずに無視するか悩んでいます。

学費だけは感謝していますが、養育費はそんなことを言うなら子供なんて作らなければ良かったのにと思います。

どう思われますか？（匿名希望 28歳 女性）

A

対人関係トラブルになったときに、ぼくがいちばん重要視することは、相手が何を求めているか？ ということです。相手がお金を求めているのならば、お金をポンっと払ってしまうのが解決方法としてはいちばん楽です。

だけど相手の勝利条件がお金で、こちらの敗北条件もお金であるなら、やはり争いになるわけです。みんなトラブルになると完全勝利を目指そうとするんだけど、実際は完全勝利なんてほとんど存在しないよね。

相手がお金を求めていて、こちらがのらりくらりと謝罪で乗りきっていれば完全敗北は防げるけど、トラブルが長期化すれば心理的にかなり疲弊しますよね。相手もお金を得られないから完全勝利じゃないし、トラブルって本当にロクなことがありません。

あなたのお父さんの目的ってお金じゃないですよ。あなたをコントロールしたいということが目的です。あなたをコントロールするための手段が学費を返せという要求なだけです。

本当にあなたが大学の学費を返したとしましょう、今度は養育費を返せとなります。あなたが養育費まで返したとしましょう、次は恩や感謝を返せというものになるでしょう。

お父さんの目的と手段をあなたが見誤っていると、勝てることでも負けることがあるのでしっかりとしましょう。お金にとらわれていると、数年もしくは数十年という時間とお金をあなたは失います。場合によっては恋愛や結婚など、あなたがしあわせだと感じることも手放してしまいます。つまり人生を失うの。

子どもの人生をコントロールして人生に損失をあたえる親なんて、どう考えても毒親でしょう。だいたいさ、親が勝手にうんでおいて子どもが成長したときに養育費や学費を返せって親が請求できるなら、子育てのハードルってめちゃくちゃ下がるよね。子育てにかかるお金を立て替えてるだけで、負担は実質0円なわけですから。

しかも養育費や学費という用途すら、親が勝手に決めてますよね。学費を支払ってもらうときにあなたは借用書を書きましたか？　やってないでしょう。あなたのお父さんむちゃくちゃですよ、闇金ウシジマくんよりも悪質な金貸しですよ。

ぼくも子どもを育てていますけど、将来お金を返してもらうなんて一度も考えたことがありません。学費や養育費を子どもに返還要求するのも、受け取ることも理解ができません。稼いだお金は子どもが自分で自由に使ってほしいし、ぼくがいくらかお金を残せるなら、それも自由に使ってほしいです。

恋愛関係でも別れぎわにデート代を返せとか、プレゼント代を返せっていう男性がいますけど、あれもけっこう狂ってるよね。恋人相手にプレゼント代を返還させることができるのであれば、株だって金の延棒《のべぼう》だってなんでも買ってあげられますよ。

価値が上がっていればそのまま返してもらって、価値が下がっていれば買ったときの値段で返せって難癖《なんくせ》をつければ、ノーリスクハイリターンな投資モデルの出来上がりです。でもさすがにそこまでする人はいないですよね。別れることが悔しかったり別れたくなかったり、お金が本当の目的ではないからです。

女性も私の時間を返せみたいなことをいいだす人がいますよね。自分の非を認めたくなかったり、自分が否定された悔しさなんだろうけど、時間は返還不可能だから男性は謝るしかありません。でも時間を要求する女性の目的は謝罪だから、しれっと謝っちゃうのがいちばん楽なんですよね。

お金を返せという男性も、時間を返せという女性も、どちらもむちゃくちゃな要求をして相手をコントロールする人間なんだけど（だからフラれる）、こういう人が親になると、子どもにむちゃくちゃな要求をしちゃうんだろうなぁ。

あなたのお父さんを自分の彼氏だったらって想像すると、付き合っていられますか？ 結婚できます？ もちろん肉体的な接触は考えないで、年齢的な差もちょっと忘れてね。結婚はおろか付き合うことも無理でしょう。

じゃあ今度は彼氏じゃなくて、職場の上司だったらどうですか？ 尊敬できますか？ これもちょっと難しいんじゃないですか、くそ上司っておもっちゃうでしょう。それなのになんで父親というだけで、感謝をしたり、いうことを額面どおり受け取ってお金を返そうとしてしまうんですか？

あなたにとってくそ彼氏でくそ旦那でくそ上司なら、くそお父さんでしょう。もちろんあなたにとってです、あなたのお母さんにとってはそうではなかったのかもしれません。人間関係なんてすべて相性です。あなたにとってくそお父さんでも、お母さんにとってはいい旦那さんだったのかもしれません。もちろんこの逆のパターンもあります、妻にはDVして子どもには優しい人っていますもん。

お父さんとは縁を切るか距離を取るかでいいんですよ、お金を返す必要なんかありません。

ぼくは母親と縁を切っています。死ぬまで会うつもりはありませんし、連絡もとっていません。そもそもぼくの連絡先すら知りません。ぼくの母も、これまでのお金を返せって要求してくるタイプなんですよ。

ぼくが病気になったとき、母はぼくに１００万円をくれたんです、お金をもらったその日にファミリーマートで仮想通貨の口座に入金して投機に注ぎ込んで増やしたので、返せといわれれば返せなくもありません。

でも今度は恩とか感謝とか時間だとか、返還不可能な要求になるのが目に見えているし、そもそも１００万円が貸付だったのならば、貸付であることを明示してくれないとリスクの高い仮想通貨なんかに投機しないで、もうちょっと堅実に消費しますよ。

それってお金が目的ではなく、自分から離れることを許したくないからお金を要求するんです。自分が子どもから否定されたということや、孤独が耐えられないんでしょうね。お金や恩で借りをつくらせて、それでつけ込むのってヤクザとおなじ手法だよね。

ぼくは自分の母が、もしも恋人だったら別れているし、結婚相手だったら離婚しているし、上司だったらくそ上司っておもうでしょうね。自分が親になってわかったことですが、親としても尊敬できない。だから縁を切っています、すんごく楽ですよ。ずっと抱えていた借金を完済したような感覚です。

お父さんは学費を大学に支払ったわけですから、大学に返してもらえば？　と伝えましょう。お父さんは弱いものいじめをしているだけですから、大学にはなにもいえません。むちゃくちゃな要求をされたら、一休さんみたいな発想で対処するのも大切です。ぼくが尊敬しているのは一休さんと磯野カツオさんです。

それよりも、亡くなったお母さんの遺産があったそうですが、あなたはその遺産をちゃんと受け取っていますか？　お母さんの遺産は配偶者であるお父さんが半分、子どもであるあなたが半分です。あなたにきょうだいがいれば、半分をさらに等分します。

きっともらっていないでしょ？　これは学費や養育費と相殺《そうさい》されるものじゃないからね。縁を切るなら学費は返さないで、お母さんの遺産を返してもらいましょう。こっちの要求のほうがよっぽど合理的で筋がとおってます。

さらにお父さんが亡くなったら、お父さんの遺産に借金がないことを確認して、しっかり相続もしましょう。よく相続放棄して縁を切れみたいなことをいう人がいるけど、相続するかどうかなんて相続するときに決めればいいんです。

ぼくの妻は、父親が亡くなったあとに、祖父が亡くなっているので、2回遺産を相続する機会があったんです。でも1円も相続していないんですよ。それにたいして妻の兄には億近い金額の土地を相続させてるの。そのうえ土地の固定資産税は妻の母が支払ってます。男尊女卑ここに極まれりって感じました。

それでいてその土地に家を建てろって妻の親族一同から打診されて、土地の名義が兄で家の名義が妹だと、一歩間違うとぼくの妻と息子が路頭に迷うことになるリスクがあることを伝えると親族一同が憤慨しちゃって、今度は土地を買い取れっていわれて口がポカンとあきました。搾取子と愛玩子ここに極まれりって感じました。

ぼくはこの一件で妻の親族を信用できなくなったけど、妻の親族は金銭ではなく別の目的があったんでしょうね。ちなみにこの一件って、妻のお兄さんはまったく知らないの。偉そうなことといってるけど、ぼくだって自分事になるとうまく解決できないことってたくさんあります。あなただって自分事なんですから、この問題を解決するのは大変です。他人事って簡単なのにね。

あなたの味方になってくれる人がいるといいよね。弁護士だろうが彼氏だろうが職場の上司でもいいのだけど、あなたのメリットやリスクだけを考えてくれる人を味方にして、お父さんには一人で立ち向かわないほうがいいです。

きっかけは同窓会の手紙だったのだろうけど、そんなものはただのきっかけで、積み重ねていた歪《いびつ》な関係性が崩れてしまったんですよね。いままではお母さんが守ってくれていたのだけど、ある意味で自立のタイミングなんだとおもいます。

お父さんの目的だけでなく、あなたの勝利条件と敗北条件をしっかりとみつめましょう。

病人だって殴っていい

Q

難病を患っている同僚を殴ってしまいそうです。

職場で長い間一緒に働く女性が、遺伝性の難病を発症しました。進行は遅いそうですが、かなり辛そうな病気です。完治の見込みはありません。

私は同僚が大嫌いです。できればもう私と関わらないでほしい。

前から同僚について思うことはありました。それを言いだすとキリが無いので省きます。

私が苛立《いらだ》っているのは、発病以降の同僚の言動です。

同僚は自分の難病について話してくれます。それは一緒に仕事をするうえで助かります。ただ正直すぎるんです。発症の経緯、主治医、予後まで教えられても困ります。それについて意見を求められるのはもっと困ります。当初、話を聞いてほしいのだと思い、相槌《あいづち》と同意をくりかえしていたら、「あなたの意見を言うべきだ」と怒られました。

同僚の難病について気の毒だとは思います。でも、それ以上は何も思いません。

私は彼女の友人でも家族でもありません。だから気の毒だとしか思えないし、話を聞く以外のこともしません。病気の相談は医師か、家族か、別の専門家にしてもらいたいのです。

また、同僚は人のプライベートについても聞きたがります。憶測ですが、彼女は自分の難病について話すのだから、自分も人の病気や不幸について聞くことができる（聞くべきだ）と思っているようです。が、少なくとも私は自分の悩みについては周りの人に言いたくないのです。後出しですが、私は腕に大きなアザがあります。普段は隠しているのですが、その同僚に見つかって、治療法やケアについて他に人がいる場所で聞いてきました。当然、職場で私のアザは周知のことになりました。そのことを思い出すと、今でも涙が出ます。

もうひとつ困ったことは、同僚が医療や健康についてアドバイスするようになったことです。ありがたいことに、ニセ医学、ホメオパシーの類ではありません。それだけでも良しとしたいのですが、難病患者といっても素人なので、言っていることはかなりいい加減です。同僚は病院で検診を受けることをしょっちゅう勧めます。私は地域の検診や職場の人間ドックを受けていますが、何度言っても主治医の言葉、自分の経験、など、根拠に乏しいエピソードばかり出して反論されます。最近では職場の全員にＰＣＲ検査をしてほしいと言っています。心配な気持ちはわかりますが、検診はやたら増やせばいいというものではない、ということは常識だと幡野さんもご存知だと思います。その程度の知識しかない人にずっと医学について話されてもただ苦痛なだけです。

最近では同僚の顔を見るだけで、腹立たしい気分になります。でも面と向かっては言えないのです。言おうとすると、彼女の難病のことが思い浮かんでしまうのです。

私はおそらく、彼女の病気を勝手に同情し、哀れんでいるのだと思います。そんなこととしてはいけないと頭でわかっていますが、してしまうのです。私はどうすればいいでしょうか。（三回跳び　28歳　女性）

A

あなたの最初の一文で眉間《みけん》にシワを寄せたり、あなたにたいして不快感をもったり怒る人もいるとおもうんですけど、ぼくはおもわず声をだして笑ってしまいました。あなたのことをバカにした意味の笑いじゃなくて、これはあるあるだよなぁーという笑いです。きっとあなたとおなじように感じている人ってけっこういるとおもいます。

ぼくはあまり怒るということはないのですが、それはいざとなれば相手を徹底的にボコボコにすればいいとおもってるからですよ。最終的にはフグを釣ってきてフグ毒で殺しちゃえばいいやとか、山にいってトリカブトの毒で殺しちゃえばいいやっておもってるし。殺す手段を持っていると、殺意どころか怒りもあまりわかないんですよ。いつでも自殺する手段があると、逆に自殺をしないのとおなじことだとおもいます。

病人って孤独状態に陥ってしまう人がけっこういるんですけど、その要因の一つが（あくまで一つですよ）病人特有のウザさにあるとおもっています。きっといま、めちゃくちゃ眉間にシワを寄せてる人がいるんだろうなぁ。

孤独を感じた人は、話を聞いてもらいたくて、ずっと自分の話をしてしまい、それがウザがられて周囲から人が離れていって、ちょっとでも話を聞いてくれる人を見つけると、またここぞとばかりにずっと自分の話をしてしまうという悪循環があるんです。健康保険適用させた、雑談屋さんが病院にいればいいのにね。

あなたの悩みをあるあるだよなぁって笑ったのは、ぼくですら、たくさん無料雑談屋さんを経験しているからです。じつは病人のぼくがいちばん苦手意識をもっているのは病人です。

もちろん全員じゃないよ。でもここでわざわざ「もちろん全員じゃないよ」って書かないといけないほど、面倒な人がおおいんです。でも「もちろん全員じゃないよ」という言葉でリアル面倒な人は「あぁ私はきっと違う大丈夫」とおもい、全然面倒じゃない人は「私のことかも気をつけなきゃ」っておもうからじつは逆効果なんだよね。

ぼくが個人的に病人の人に苦手意識がある理由は、病気というたった一つの共通点を、おおきな共通点にされてしまうことです。例えばがんという病気は毎年１００万人ぐらいが罹患する病気です。１年間にうまれる赤ちゃんの数を上回ってます。がん以外の難病や慢性疾患、精神疾患など含めたら、病人の数って膨大なものです。

病気って大変なんだけど、病人はめずらしくありません。石を投げたら病人に当たるし、外れて健康な人に石が当たれば、当たりどころによって病人になります。それくらい病人だらけです。

病人が病人に共通点を持つことにメリットもデメリットもあるのですが、いちばんのメリットは孤独の解消につながることです。ぼくが感じるいちばんのデメリットは、デリカシーが失われることでしょう。

ぼくが患者会みたいなものに通ったときも、「お前は家族がいて若いんだからぁ……」とか「私のほうが辛いんだから、あなたは……」という説教と、病人マウンティングを、ずいぶんされました。

病気以外ですこしでも優位に立てるものを見つけると、彼らも日常でストレスを感じているのか、サンドバッグにされちゃうんですよ。いまでも患者会にはよく誘われるけど、仮病を使って行きません。

アザのことを周囲に知らされたことはとても酷《ひど》いけど、その同僚はあなたのアザのことなんかなんともおもってないですよ。本当は心配もしてないし、周知させたことに悪気を微塵《みじん》も感じてないよ。「私のほうが辛いんだから、あなたは……」っていう謎の病人マウンティング的な心理だとおもいます。

強者の上から目線ってウザいけど、弱者の下から目線ってのもおなじぐらいウザいんだよね。

ちょっと病人の人には酷《こく》な話なんだけど、病人の人がする病気の話ってそもそもつまらないのよ。なんか聞いたこともない3文字ぐらいのアルファベットの単語をＦＢＩとかＣＩＡ的な感じで相手が認知している前提で、基準がわからない数値と一緒にいってくるし。一般的にみんなが共通認識してる体の数値の基準なんて、体重と身長と視力ぐらいでしょ。

糖尿病の人が「Ａ１ｃが6に下がったのよ」っていってきても、糖尿病に関心がない人にはさっぱりだよね。でも１６０cmの女性が「体重が48kgに下がったのよ」っていってきたら「おいおい、それ痩せすぎだろ？　大丈夫か？」っておもいますよね。

病気は自分にとって一大事でも、他人にとっては他人事。病人は健康なときの自分と比較して話をしますが、他人からすれば理解ができないし、他人は自分のことを含めて苦労している人や他の病人と比較して考えます。

そもそも比較対象が違うので、健常者は理解できないし、病人は理解されません。もちろんその上で、病人には協力が必要だけど、そこには相性の問題が発生します。嫌いな人に協力はできません。

あなたの同僚って話がつまらない上に、あなたに対するデリカシーも失っていて、あなたも同僚が難病を発症する前からずっと嫌いだったわけですから、そういった関係性が色濃く反映されているんでしょう。

ぼくは嫌いな人にまずは2つの初期対応をして、その後に1つの対応をしています。初期に2つ対応を分けているのは、嫌いな人には2パターンあるからです。自分に悪意を持っている敵意パターンと、自分に好意を持っている迷惑パターンです。

敵意パターンの人には、めちゃくちゃ褒めるということをします。ただ直接は褒めずに、共通の複数の知人にそれを伝えます。そうすると共通の知人が、敵意パターンの人に伝言のように幡野が褒めてたよっていってくれます。

敵意パターンの人は、だいたいいろんな人に嫌われています。褒められることも少ないでしょうから、自分のことを褒めてくれる人を大切にします。しかも知人経由ということで、自分の評価も上がっているわけです。

この状況でさらにぼくに敵意を持って接することは、経験上ほとんどありません。しかしこれで余計に悪意が増えるという、逆効果になる人もいます。

迷惑パターンの人には、はっきりと迷惑であると伝えます。これは恋愛でもおなじですが、嫌いな人からの好意ほど困ったものはなくて、極端なことをいえばストーカーみたいなものですから、相手の好意が迷惑であると伝えます。

これも経験上ほとんど解決します。しかしもちろんこれで好意が悪意に変換されるような、逆効果になる人もいます。

逆効果になった人への対応は、簡単にいうと殴るということをします。もちろん本当にグーで殴ったら大変なので、ＳＮＳの誹謗中傷なんかは訴訟も視野に入れますし、面識がある人であれば、かなりキツいことをいいます。

ぼくがキツいことをいうと、本当にキツくなるみたいなので、できればやりたくはありません。でも自分の身を盾《たて》で守りきれない場合は、矛《ほこ》で反撃するしかないんですよね。攻撃をしてくる人って武器だけ持って、だいたい盾を持ってないから、案外弱いです。

集団や組織の中であれば、周囲にわかりやすくその人のことが嫌いであると表明します。そんなぼくのことを嫌う人も出てくるけど、潜在的に嫌ってる人が自然と距離をとってくれて、嫌われる人はだいたいいろんな人に嫌われてるから、味方は増えるので一石二鳥です。ぼくは毅然とした態度をとるということですべて解決しました。

でも、相手が病人だったり社会的弱者だといいにくいですよね。病人相手に酷い!! って加害者にされそうだし。でも病人の言動で苦しんだり迷惑したり、傷ついてる健常者ってたくさんいます。病人には配慮が必要ですが、免罪符までが必要だとぼくはおもいません。

政治的な話はあまりしたくないのだけど、安倍首相を嫌う人の一部には潰瘍《かいよう》性大腸炎を揶揄《やゆ》したり、昭恵夫人との間に子どもがいないことを揶揄したりする人もいます。がんで亡くなった沖縄県の翁《お》長《なが》前知事を嫌う一部の人も病気のことを引き合いにして揶揄します。

政治家だって病気が免罪符にならないし、批判は当然していいと思うけど、どんなに相手と主義や信条が違っても、病気や本人には変えようがない事実を引き合いにした攻撃は最低だとおもいます。

短絡的な人があなたみたいな状況になると、相手の病状を引き合いにして攻撃をしたりするから大変なんですよ。でもあなたは理性的で冷静な人でデリカシーもたっぷり。きっと仕事もできる人でしょ。でもかなり耐えているようなので、爆発しないように気をつけてください。

あなたの同僚は好意を持った迷惑パターンな人なので、やはり迷惑であるとはっきりと伝えることがいいとおもうんです。愛想笑いやお世辞など、うまく流す振る舞いというのは、自分に敵意を持った人への対応としては有効かもしれないけど、自分に好意を持った迷惑な人には逆効果です。

あとはあなたが部署異動を願うとか、退社するだとかして逃げるってことなんでしょうけど、ぼくはなんで迷惑を被っている側がいつも逃げなきゃいけなんだろうっておもいますよ。毒を撒き散らすような人が毒を止めるか、別の場所に移動すりゃいいのにっておもいます。

逃げるというのは手段としては有効だけど、最後の手段でいいとおもうんです。

なんか病人っぽく自分の話ばっかりしちゃいましたけど、あなたの気持ちってすんごいよくわかりますよ。さすがにグーで殴っちゃうと面倒だから、殴らないようにしたいものだけど、あなたが殴りたくなる理由も気持ちもわかります。イライラするよね。

くまのプーさんだってキバとツメがあるから温厚なんですよ。プーさんをナメて襲いかかったら反撃されて血だらけになるんじゃないかな。

病人だろうが殴っていいとぼくはおもいますよ。ただし、グーではない殴りかたを配慮して考えて、ちゃんと中傷ではない批判を毅然としてください。健康な人が病人のせいでメンタルを崩すってアホくさいよ。

あなたはスマホの中身を全部親に見せられますか？

Q

幡野さんはじめまして。

Twitterで幡野さんを知ってから、著書も3冊読ませていただきました。

子供は小学校中学年長女とその下に未就学の弟がおります。

長女の子育てに難しさを感じていて、ずっと、本人の意思を否定しコントロールしようとする、（幡野さんがおっしゃるまで自分では気付いていませんでしたが）虐待をしてしまっていました。

それでもずっと、このままではいけないと思い、主人となんどもぶつかり話し合いをし、地域の子育てカウンセリングや知り合いのセミナーに通い、自分なりに勉強してきました。

そして幡野さんの本に出会い、少しずつ子供を認めて肯定していく事ができ、自分の心にもゆとりが生まれ楽になり、主人からも変わったね、と言われるようになりました。

幡野さんには本当に感謝しています。

しかし先日とてもショッキングな事が起き、立ち直れず再び長女との関わり方がわからなくなってしまいとても苦しいです。

コロナの影響で学校や習い事がお休みになり、長女も例にもれず、動画コンテンツを見ながら自宅で学習をするようになりました。

私が以前使っていたiPhoneを渡して、ペアレンタルコントロールで許可したサイト以外見られないように設定し、YouTubeでも不適切なコンテンツは非表示の設定もしていました。

iPhoneを持たせてから自室に篭って見ている時間が増えましたが、危険なものはブロックしているし、制限しすぎるのは良くないと、本人の意思を尊重して決められた時間内では自由に見させていました。

ところがある日、iPhoneを見ているところに近づくと、慌てて隠し、様子がおかしいことに気付きました。

閲覧履歴を見てみると、完全に子供向けではない、過激でショッキングな動画のタイトルがずらりと並んでいました。

大人の私でも目を伏せてしまいたくなるようなものです。いくつかサムネイルだけ見てみましたが、吐き気を催しました。

主人と長女と、ネットコンテンツの危険性や、どうしていけないのか、どのような影響があるのか、今後どう向き合っていけばいいのかを話しあい、しばらくiPhoneは親のいる所以外では使わないということで、長女も納得しました。

主人は仕事がとても忙しく家にいることは少ないのですが、積極的に家事や育児に参加してくれます。

今回も、これを機会に話し合いをして、今後どうするかが大事だと思うよと、冷静に柔らかく対応してくれました。

しかし、どうしてもあのショッキングな動画が頭から離れず、長女の顔を見たり、眠ろうと目を閉じると思い出して吐きそうになります。

もう見てしまったこと、過ぎたことはしょうがないとわかっていても、どうして制限が解除されていたのか、どうしてもっと早く気付かなかったのか、と思わずにはいられません。

長女を信用して、尊重しようとした結果がこれなのかと、裏切りだと感じてしまっている部分もあります。

自由に意思を尊重すること。

まだ自分で判断ができない子供を危険なものから守るために制限をすること。

どちらも大事なのにできなかった、守れなかった自分が許せません。

長女にトラウマができてしまった、悪影響を与えてしまった、絶対に避けなければいけないのに守れなかった……と、ずっとループしています。

正直、あのような動画に汚染されてしまった、長女が汚く見えてしまいます。

一緒にいるのが辛く、また長女を否定してしまいそうで怖いです。

こうなる前に戻りたいと、叶わないことを願っています。

前に進むために、どうしたらいいでしょうか。

読んでいただいてありがとうございました。

長文で、不快な表現もありすみませんでした。（HC 34歳 女性）

A

ショッキングな動画と内容を濁しているから推測になってしまうけど、普通に考えればアダルト動画もしくは、人を虐待したり殺害するような加虐性の強い動画ですよね。

でも、9歳か10歳の女の子が検索をしてたどり着ける動画で、34歳のあなたが吐き気を催すほどの動画ってどんなものですか？

検索ってけっこう技術がいる作業ですよ。そもそも単語や漢字を知らないとできないことです。あなたの娘さんが本をたくさん読んでいて言葉に長《た》けているのかもしれないし、けっして子どもの検索能力をバカにしているわけじゃないけど、すこし違和感があります。それでいて旦那さんのわりと冷静な対応を考えると、あなたにはショックな出来事だったかもしれないし、たしかに子ども向けの動画ではなかったのかもしれないけど、一般的な感覚で考えればそこまで衝撃的な動画ではなかったのではないかと感じています。はっきりいえば、あなたがすこし大袈裟《おおげさ》だとおもうんです。

そもそも子どもに与えたスマホを親が検閲することって、メリットは薄くてデメリットがぶ厚いですよ。ぼくが絶対にやらないと決めていることの一つが、子どものスマホ検閲です。なぜなら自分がやられたら絶対に嫌だからです。

以前、２００人ぐらいの女子大生に講義をしたことがあるんです。そのときに「親からスマホをチェックされて、メリットがあった人は手をあげてください」と質問をしたんです。

手をあげた学生さんは一人もいませんでした。２００人もいて一人もいないんですよ。親側としては、子どもをトラブルや事件から守るというメリットがあるのでしょうけど、実際に子どもをトラブルや事件から守れている親がどれだけ世の中にいるのか疑問です。子ども側からすればメリットはほぼ皆無であって、ただの干渉なんですよ。

親が子どものスマホをチェックする本当のメリットは、子どもを守るということではなく、子どもを知れるということだとおもいます。LINEでの友達とのやりとり、ネットの検索履歴、SNSでの発言やどんなものに「いいね！」をしているかまで、スマホがあれば全部筒抜けです。

ぼくやあなたが子どものころってスマホなんて当然なかったじゃないですか。子どもの日記や友達からの手紙だったり、机の引き出しのなかをチェックする親ってたくさんいたとおもうんです、あれだって子どものことを知りたいという本音だったんだとおもいますよ。でもこれって、子どもからすれば知られたくないことですよね。

あなただって自分のスマホの内容を親に全部見せられますか？　旦那さんとか娘さんじゃなくて、自分の親に見せられる？　SNSでの発言とか検索履歴とか購入履歴とか見せられます？　そもそもここで娘さんのことをぼくに相談していることを自分の親に見せられますか？　見せられないでしょう、絶対に嫌でしょう。

スマホをチェックすることのぶ厚いデメリットは、子どもからの信頼を失うということだとおもいます。子どものことを知りたいという本心を、子どもを守るというペラッペラな薄皮の正義で包んでいることは、子どもが大人になったときにバレてしまうよ。

知られたくないことを他者があばこうとしたりすることを、大人の世界ではプライバシーの侵害っていうんですよ。

教育方針や考え方の違いですけど、ぼくは子どもにプライバシーがあると考えていて、ぼくは自分の親にスマホなんて見られたくないし、メリットとデメリットを天秤《てんびん》にはかったときに、デメリットのほうが重いから、子どものスマホ検閲をやらないと決めています。

「トラブルから守るため」という言葉を隠れ蓑《みの》にして、本心は子どものことを知りたいって親はけっこういるんでしょうね。ゴミの分別がちゃんとできているかチェックするふりをして、他人の家のゴミ袋をあけたがる近所の迷惑なおばあちゃんみたい。

トラブルから守りたくて、子どものプライバシーも守りたいというのであれば、親がチェックする必要はなく第三者でいいわけですよ。スマホのチェックって、いちばん知られたくない相手に、いちばん知られたくないことを知られるってことですよ。

スマホにやましいことがあるとかないとかではなくて、プライバシーの尊重もせず信用もせずに、親の優位性を利用して推定有罪のスタンスでやっちゃうから子どもは嫌なんだろうね。

あなたはこの動画の一件をきっとすごく怒ったんだろうし、ショックを受けて落ち込んだり、蔑《さげす》んだ目で見たり、いろんな感情を子どもに見せているんでしょう。はっきりいって娘さんからすれば、そっちのほうが衝撃的だしトラウマになりかねないよ。あなたは娘さんの信頼を失ったと考えていいんじゃないですか。

娘さんが慌ててスマホを隠したということは、怒られると認識していたわけです。この一件は学校の先生はもちろんのこと、親戚や娘さんの友達、いつか娘さんに彼氏ができたときだっていっちゃダメですよ。

子どもの過去の失敗談なんかを子どもの目の前ではなす親っているんです。あれは子どもの信頼を失いたい人の子育てスタイルなんでしょうね。信頼をいちばん得るのは秘密の共有であって、信頼をいちばん失うのは、秘密の暴露です。

あなたは娘さんのことを守りたいのだろうけど、誰かを守るには信頼関係がいちばん大切じゃないですか。自分が信頼できない人や嫌いな人に、自分を守ってもらおうなんて普通考えませんよね。

これからさき、娘さんが何かトラブルに巻き込まれたとき、あなたと旦那さんに助けを求められるように、これから信頼関係をまた積み重ねたほうがいいとおもうんです。旦那さんが温厚で柔軟なかたっぽいので、あなたと娘さんの間で上手く動いてくれるとおもうんですよ。

ここからさきはいうかいわないか迷ったすえに、決めつけるのは悪いなぁとおもいつつ、それでもある程度の確信を持って、ためらいつつも遠慮して書きます。

娘さんにたいして守ってあげられなかったと後悔したり自分を責めつつも、娘さんに裏切られたとか汚く見えるとか、まるで一人の思考とはおもえないような、すこし異常ともいえるほど過剰な反応です。あなたは頭の中がぐちゃぐちゃになるほど悩んでいますよね。もはや悩みではなく、苦しみですよ。

これ本当に娘さんが動画を見たことで悩んでいますか？　はっきりといいますけど、あなた自身が何かしらのトラウマを抱えているからじゃないですか？

あなたのトラウマは娘さんの見た動画に関連することで、なおかつあなたが娘さんの年齢に近いときにできたトラウマで、周囲の大人があなたを守ってくれなかった、もしくは守ることができなかったんじゃないだろうかってぼくはおもっているんです。

ぼくはたくさん悩む人の文章に目を通しますけど、普通の悩み（普通の悩みってのも変な言葉だけど）なら動画の内容を濁さずに書きます。あなたが娘さんの見た動画の内容を書かずに濁したのは、書けなかったんでしょう。

娘さんに過剰な期待をして、理想から外れたことでわめき散らしている毒親パターンかとも一瞬おもいましたけど、吐き気をもよおすぐらいということは、やはり普通のことではありません。

自分の経験と娘さんが見た動画が重なって、アレルギー反応のアナフィラキシーショックみたいに、普通ではない反応になっているんじゃないですか。

でも、酷なことをはっきりといいますが、あなたがトラウマを抱えていようが娘さんには関係のない話なんですよ。だって娘さんは娘さんの人生を歩んでいるんだから。

いまはまだ子どもだから判断ができないって仰いますけど、娘さんが大きくなったときに持つべき判断能力を、あなたはどうやって教えるのですか？ これからあなたが娘さんの代わりに判断し続けて情報を統制して、20歳で判断権を娘さんに返還したとき、そこには世間知らずで判断能力のない20歳の女の子がいるだけですよ。

あなたは娘さんを守りたいという気持ちを隠れ蓑《みの》にして、本心は自分の心を守りたかったんじゃないですか。だったら最初から本心をだして、自分のことを守ってあげたかったでいいとぼくはおもうんです。

はっきりといいますけど、あなたがトラウマを抱えているのであれば、子どものときに大人が守ってくれなかったのであれば、あなたはなにも悪くないんですよ。なんにも悪くない。

自分が悪いとかおもわなくていいし、無理に乗り越えようなんて考えることも、あせる必要なんかもないわけですよ。ただ、娘さんと自分の問題をすこし離して、もう一度旦那さんと一緒に話し合ってみてください。

Q

「いつも読ませていただいています」って書いてるけど、これウソでしょ

幡野さん初めまして。いつも読ませていただいています。

悩みは父が結婚に反対していることです。

8年付き合っている彼氏がようやく去年の4月にプロポーズをしてくれて、父のところに2人で挨拶にいきましたが、その日に彼に履歴書を書いてくるように言われました。

その後、彼は不愉快だと私に言い、書きたくないから私に書くよう言いました。申し訳なさもあったので代わりに私が書きましたが、粗《あら》があり私が代わりに書いたことが父にばれて、そのことをきっかけに強く反対するようになってしまいました。

私が一人暮らしをずっとしてて、実家にいないのが気に入らない、本来なら実家から通える職場を探すべきだった、彼が自営業（父は親に言われて公務員になった人なので収入についてしつこく聞かれました）で片親なのが心配、親をつれて挨拶に来ないのが気に入らない、など……。

それでもなんとか説得しようと一人で父に立ち向かったのですが、私ばかりが一

人で奮闘しているようでそれも気に入らないと。

　こっちは反対してるから顔合わせも必要ないし、もう勝手にしろと、結婚式やるとしても行かないとまで言われています。

　彼にも父の様子は伝えてあり、もう一度説得に来てもらいましたが、父はうんとは言わず、何が気に入らないとも本人には言ってくれませんでした。

　それでも下手《したて》に出て何度も食い下がれば、少しは父の気が変わるかもしれないと思い、彼に父が納得するまで父と話して説得してほしいと頼みましたが、そんな暇ないし、何度いっても嫌な思いするだけでどうせかわらない、何度もいけば暇で仕事がないのかと思われるだけだと言い、提案には応じてくれません。父に対する悪口を聞くのももう苦痛です。

　これまで自分のできることをやってきたつもりでしたが、虚しくて仕方ありません。

　子宮の病気があり歳もとっていますが、できればこどもがほしいと思っています。このまま父を無視する形で顔合わせもせず入籍する予定ですが、正直不安しかなく、幸せな気分は微塵《みじん》もなく、父も彼もじぶんのプライドの方が私よりも大事なのかと絶望しています。

私はこれから何をすべきなのでしょうか。（ak 35歳 女性）

A

結婚おめでとうございます。でも、しあわせな気分が微塵もないって大変ですね。ただ、なんでこれをぼくに聞いたんですか？　まさにタイトル通りの疑問なんですけど、ぼくのことを知っている人が脳内に幡野を召喚《しょうかん》させてこの相談を答えさせたら、微塵もないしあわせをさらに木《こ》っ端《ぱ》微塵にするほど、みじん切りにしそうってわかりそうなもんだけど。

あなたもみじん切りにされることを望んでいるとはおもえないし「父に対する悪口を聞くのももう苦痛です」って書いているぐらいだからお父さんのことを悪く書かれたくないのだろうし……あなたは共感されてヨシヨシってなぐさめてほしいのかもしれないけど、ぼくはあなたの彼氏さんにすでに100％同情と共感をしています。

「いつも読ませていただいています」って書いてるけど、これウソでしょ。それかぼくの人物像をよっぽど読めていないか。先週バズった相談ではじめて知ったとか、本当はそんなもんですよね。それはまったく悪いことでもなんでもないし、過去の記事とか本を読んでくれなんて微塵もおもわないけど、効果のない社交辞令なんて意味ないよ。

きっと泣きっ面にビーになって、傷ついちゃうとおもうので、つらいなと感じたら読むのをやめましょう。ビーって蜂《はち》って意味です。いままったく笑ってなくて、心拍数も上がってるとおもうけど、つらかったら本当に読むのやめてね。

あなたのお父さんってすっごく失礼ですよ。あなたのしあわせなんか微塵も考えていなくて、自分のことしか考えていません、それでいて状況の把握や人物の評価もできていなくて、理不尽な要求ばかりしてる。いきなりキツいこといいますけど、あなたとそっくりです。

そもそも自分の娘と8年も付き合って、結婚の挨拶にきた相手に履歴書を求めることが理解できません。緊張した彼をなごませる昭和のジャパニーズジョークかとおもいきや、本気でいってるんですよね。

履歴書に書いているようなことは会話すればわかるし、履歴書に書かれている以上のことも会話することでわかりますよね。しかもあなたの代筆だろうと、情報としては正確なわけですから、どんなに粗があったとしても怒る理由がわかりません。

代筆をさせた態度に怒っているのだろうけど、そんなお父さんは代筆させずに彼が書いたとしても、何をしたって難癖《なんくせ》をつけて怒るとおもうんです。怒ることが目的だからクレーマーとおなじなんです。

彼が片親だとか年収がどうだとかって、なんとしても結婚に反対する人の常套句《じょうとうく》ですよね。結婚をしようとする世代と、その親の世代で年収に開きがあるのは、年功序列の日本ではあたりまえだし、親が片親であることなんて彼にはどうすることもできないことですよね。

そうやって彼氏さんが反論できない弱点をわざと突いているなら、クレーマーの戦略としては上手いけど、とても性格が悪い。無自覚にやっているなら、生きた年数にたいしてちょっとバカだよね。

あなたもよく彼氏さんに下手《したて》にでて食い下がってほしいなんてことを提案できたね。許されるまでクレーマーに頭を下げてこいって要求しているんでしょ。なんであなたは自分の結婚相手を守ろうとしないの？　彼氏さんからすれば屈辱的です、心が折れるわ。

ぼくも妻と結婚したときに、妻の親族から結婚を反対されました。父方の祖父の妹という、呼び名すらよくわからないポジションの親族がめちゃくちゃ怒ったんだよね。呼び名がわからないから便宜上クソババアって呼んじゃうけど、ぼくも妻もまだ若くて、他の親族はクソババアに同調しちゃうし、ぼくは悔しいおもいをしながらクソババアに頭を下げました。

経験してわかったことですけど、正当な理由のない結婚の反対や、理不尽な要求に屈するというのはとても屈辱的なんです。もしもいまだったら頭を下げるどころか、鼻フックを食らわせるとおもうんです。クソババアの鼻の穴にぼくの人差し指と中指を入れて、体全体を持ち上げるとおもうんです。

自分よりも立場の弱い存在を見下さないで、敬意を払って対等に接しているほうが人生はラクだし、敬意を払ってほしいならまずは自分から敬意を払えばいいのにね。そんなこと長生きしていれば気づきそうなもんだけど。

お父さんは自分の言動がきっかけであなたが破談したとき、どうやって責任をとるんでしょうね。お父さんがとり続けている態度はあなたにとって不利益であって、その責任をとることもできません。あなたのしあわせを考える人の行動ではありません。

そもそも初対面の人間を嫌うなんてことは、よほどのことをしないかぎりありません。手土産がポップコーンだろうが嫌うことはありません、ちょっと変わった人っておもうけど。

初対面の相手を嫌うのは、第一印象がよっぽど不快だった場合か、もしくはつれてきた人間にたいして何らかの特別な感情を抱いてるんでしょう。あなたにたいしてなにかしらの歪《ゆが》んだ愛情があるんじゃないですか。彼にたいする不満はよくよく読めば、あなたにたいする不満ですよね。

あなたの彼氏さんが初対面の人を嫌わせるような才能の持ち主だとぼくはおもえません。結婚の挨拶に行くわけですから言動には気をつけるでしょうし、それでいて理不尽な要求にたいして、あなたのお父さんであろうと、あなたであろうと断っているわけです。

不快なことをちゃんと不快と伝えることができて、譲歩して嫌なおもいをしながらも、お父さんを再度説得もしているわけですよね。とても誠実な人間だとおもいます。あくまでぼくの感想ですけど、誠実であろう彼氏さんと、歪んでいるであろうお父さん。どちらを支持するべきか、跳ねるポップコーンを見るよりもあきらかです。

そういう人物評価をあなたができていないことが、ぼくは気になるんですよ。あなたからすればお父さんも大切な存在、彼氏さんも大切な存在なんでしょう。だから二人が仲良くなってくれればいいとおもっているかもしれませんが、すこし頭の中が春の南房総《みなみぼうそう》です。嫁姑《よめしゅうと》問題でもおなじことがおきがちだけど、あれを解決できないのはお嫁さんの問題でもお姑さんの問題でもなく、双方の間に入る旦那さんの問題ですよ。どちらにもいい顔をしているから解決なんかできないんですよ。

どちらにもいい顔をするのは、旦那さんがどちらにも嫌われたくないのか、精神がすり減らないとおもっているのか、お嫁さんが離れていかないと勘違いしているのか、たいした問題じゃないと過小評価しているか、とにかく勘違いなんですよね。

「父も彼もじぶんのプライドの方が私よりも大事なのかと絶望しています」って書いてるけど、あたりまえでしょう。勘違いしないでください、あなたよりも大事なものはあります。なんであなたは彼氏さんにとって自分がいちばんだとおもっているんですか、頭の中が春の南房総です。つまり、とてもきれいなお花畑です。

世の中の男性みんなが世界の中心で愛を叫ぶわけじゃありませんし、自分の命よりも大事なものができる人だっているでしょう。なにを守るかは人それぞれです。あなたはプライドと軽くみてるようですが、尊厳を踏みにじった屈辱的な要求がきっかけで世界は殺し合いや戦争をしているんです。

理不尽な要求をのんで命をかけてでも結婚したい存在って、ぼくの知るかぎりかぐや姫ぐらいですよ。もしもこの相談を彼氏さんが送ってきていたら、あなたなら他の女性といつでも結婚できるとぼくは答えるとおもいます。彼氏さんと結婚したい女性は、あなたと結婚をしたい男性よりもおおいですよ、あなたがかぐや姫じゃないかぎり。

天と地がひっくりかえってでも彼氏さんがあなたと絶対に結婚したい理由はありません。理由はないけど、愛情があるから結婚をするんです。だから愛情が失われれば結婚をする必要がなくなります。

　そしてお父さんとあなたが彼氏さんにしていることは、彼の愛情を失わせる行為です。あなたは自分がフラれることを全く視野に入れていないようですが、視野が狭く状況が読めてません。視野が狭いのは自分のことしか見ていないからです。だからお父さんとあなたがそっくりだとおもうんです。

　あなたの年齢や病気のこと、子どもを望んでいることやこれまで彼氏さんと付き合ってきたことを考えれば、破談は避けたほうがいいでしょう。あなたもそれを望んでいませんよね。彼氏さんが入籍をしてくれるならこれ以上、屈辱的な要求をするのはやめましょう。というか今後のためにも一度しっかりと謝ったほうがいいよ。それで彼氏さんの味方というスタンスを見せたほうがいいよ。

　プンプン怒ってるお父さんは、ずっと無視でいいでしょう。顔合わせも結婚式も行かないといっているなら、呼ばなくていいじゃないですか。職場とかでもイライラしていつも怒ってる人っていますよね。そういう人が休みの日って職場の空気がすごく良くなるじゃないですか。

　あなたは悲しいかもしれないけど、お父さんがいないほうがあなた以外の人は笑顔になるんじゃない？　不機嫌を撒《ま》き散らす人なんて祝いの席にはいないほうがいいんですよ。

無視できない理由が、親であるということ以外に何かあるんですか？　相手が親だろうと歪んだ人なんて相手にしないほうがいいよ。なんてことはいままでに50回ぐらい、いろんなところでぼくは書いているんだけどね。

あなたの周りの大人のほうがずっと愚かじゃん

Q

母との関係に悩んでいます。父はわたしが生まれて間もないころに離婚し、今は疎遠です。

わたしの母は昔からお酒を愛していました。病院にかかっていたわけではないので定かではないですが、今から考えてみると、おそらくアルコール依存症だったのだろうと思います。

仕事が終われば帰宅早々と次々に瓶《びん》や缶をあけていき、日付を超えたあたりで寝落ちる。わたしはその母を出迎え、コンビニなどで調達したご飯を食べて布団で眠っていました。中学後半までそのような生活を送っていたように思います。

高校入学直前の、母の誕生日です。歳が離れておりすでに社会人として遠く離れた土地で一人暮らしをしている兄が、わざわざ地元まで来て共に買ってくれたケーキを食べていたときでした。

わたしが目を離した隙に、母が床に倒れていたのです。いわく、身体が動かないとのことでした。うまく立ち上がれもしないし、ろれつも回っていません。酔うとろれつが回らなくなって支離滅裂なことを言い出すのは日常茶飯事でしたが、それとは確実になにかが違うような感じを受けました。

　そのときはまだのんきに「どうしたの？」「やばいやばい」などと言っていました。数時間経ったとき、いまだ動けない母を見てようやく危機感を抱き、わたしは「救急車を呼ぼう」と提案しました。祖母が医療従事者でしたので、祖母に連絡してからのほうがよいかもしれないと電話しようとしたところ、母はとても怒った顔と声で「絶対に連絡するな。救急車も呼ばないしおまえははやく寝ろ」と言いました。このとき母は祖母に「酒を呑みすぎるな」としかられていたので、祖母を呼んでまたこんなに呑んでと怒られるのが怖かったのでしょう。

　母は酔うと頻繁にわたしに暴力を振るいました。暴力といえるほどのものではないかもしれません。所詮女性ですから、そこまでの力もなければ痕《あと》が残るようなこともなかったのです。それでも振るわれた瞬間はひどく恐ろしいから、酒を呑んでいる母に対しおびえていたこともあります。わたしは「わかった」と言い、布団に入りました。

　翌朝起きてみると、母は失禁したまま眠っていました。母に声を掛けて後始末をし、怒られてもいいから救急車を呼ぶことにしました。

祖母に連絡するとすぐに来てくれることになりました。さいわい病院も近かったですから、救急車もすぐ来てくれました。

到着した祖母は「からだが動かないときは早く救急車を呼ぶべきだ」と怒っていました。わたしはおろかにも一晩放置してしまいましたから当然です。救命士の方も同じようにおっしゃっていました。病院への付き添いは祖母がしました。

わたしは祖母と同居している叔父とともに家を片付けていました。叔父は怒っていました。「連絡ひとつも出来ない役立たずが」と散々に罵《ののし》られたのは今でも覚えています。

結局、母はアルコール摂取過多による脳出血によりしばらく入院することになりました。

今はリハビリを経て退院し、自宅にてわたしとふたりきりで暮らしています。左半身不随になってしまいましたが、仕事も辞めてもてあました時間を家事につぎ込むことで楽しそうに暮らしています。

むかしはほとんどご飯といえばコンビニ弁当でしたから、温かいご飯が食べられるのはうれしいです。昔よりも関係性は良くなったのは確かでしょう。

しかし、母は最近になってまたお酒を呑むようになってしまいました。量も昔と同じくらい呑んでいるように思います。

祖母からは「からだに悪いからアルコール類を摂取していたら止めて」といわれているのですが、声を掛けても母は不機嫌になり「あんたには関係ない」といわれてしまいます。

強く言えればいいのでしょうが、また怒られたらと考えると言うに言えません。しかし祖母に相談するのも、後日母から「祖母に言ったでしょ」と怒られるであろうことは分かりきっているので言えません。

誰かに相談したくとも、わたしと兄は歳が二桁《けた》も離れていますので、基本的に仲良くもありませんし連絡だってしません。祖母も叔父も、母との関係性のほうが強く濃いので母を第一に動きます。きっと今から言ったってまたわたしが怒られるのだろうと思います。

怒られるのが怖くて、どうすればよいのかわかりません。怒られるであろうことにも納得がいきません。

わたしはどうしたらよいのでしょうか？　このまま母が自滅するのを見ていればよいのでしょうか？　怒られる覚悟を決めて母を注意すればよいのでしょうか？

幡野先生に聞くことではないのかもしれません。他の相談に比べたら幼稚な内容かもしれません。ですが、ぜひ幡野先生の意見を伺いたく相談させていただきました。

　長文、乱文申し訳ありません。また、相談事と関係のない内容が多く含まれているかもしれませんが、失礼いたします。（N 18歳 女性）

A

「わたしが目を離した隙に、母が床に倒れていたのです」って書いてあるけど、15歳の女の子が親から目を離すなんてあたりまえじゃん。2歳児じゃないんだからさ。視界の中に親を入れたくないって人がいても、まったくおかしくない年齢です。

　倒れてろれつが回らないということだけ聞けば、脳梗塞だとか脳卒中だとか違いはまったくわからないけど、脳に異常があるのだとぼくでもすぐに気づきます。でもそれはあなたよりもぼくが20年ぐらい長く生きているからですよ。1年間で蓄《たくわ》えられる知識量ってとてもおおくて、それが20年分もあるのだから当然です。

　でも、実際に脳梗塞や脳卒中だとかで目の前で人が倒れたという経験はないから、あなたとおなじ状況になったときにすぐに救急車を呼べる自信はありません。むしろ数々の酔っ払いを見てきているから、酔ってるのかな？　っておもっちゃうよ。知識があっても経験がなければそんなもんです。

お母さんが倒れた日の夜はめちゃくちゃ不安だったろうし、翌日はめちゃくちゃショックだったでしょ。救急車を呼べなかったことをおばあちゃんや叔父さんから怒られて自分を責めて、お母さんが左半身不随になってしまったことを自分のせいにしているでしょ。あのね、あなたのせいじゃないんだよ。

酔っ払ったら暴力を振るったり威圧してくるお母さんから「絶対に救急車を呼ぶな、寝ろ」っていわれれば、救急車を呼べる子どものほうが少ないとおもうよ。

叔父さんから怒られたみたいだけど、もしもぼくがその場にいたら、あなたに自分を責めるきっかけをつくったことを、ぼくは叔父さんに怒るとおもうんです。15歳のあなたがどうして救急車を呼べない心理状態になっていたのか気づいてほしいよね、あなたよりも長く生きて偉そうにしているんだったら。

叔父さんがあなたに怒ったのは悲しさとか不安とか面倒くささとか、そういういろんな感情を全部怒りに変えて、矛先をあなたに向けて切りつけてきたんですよ。わかりやすくいうと、イライラして憂さ晴らしをしたの。長く生きてるだけのアホっているよね。

おばあちゃんはお母さんと叔父さんがまだ子どもの頃からずっと、きっとめちゃくちゃ怒る人だったんだよ。じゃなかったらお母さんもそこまで過剰におばあちゃんへの連絡を嫌がらないよ。お母さんがおばあちゃんへの連絡を過剰に嫌がる心理状態になっている理由があるとおもうよ。

人って過剰に怒られると、問題がおきたときに怒られたくなくて、問題を隠そうとするんだよね。きっと離婚したときも散々にいわれてるんじゃないかな。

おばあちゃんって元看護師なのかな？　これはあくまでぼくが感じていることなんだけど、看護師さんって他人の病気には強いけど、自分の病気や家族の病気にはメンタル的にとても弱いよ。もちろん全員が全員とはいわないけど、医療従事者だから病気のことに強そうなイメージがあるけど、家族や自分のことになると非医療者よりもむしろ弱いのかもってぼくは感じています。

おばあちゃんは自分の子どもであるお母さんに目を向けて、孫のあなたの状況に目を向けていないんじゃないかな？　おばあちゃんこそあなたから「目を離している隙に」あなたが置かれている環境の問題を見逃しているようにぼくは感じます。

「わたしはおろかにも一晩放置してしまいました」ってあるけど、あなたが愚かなんじゃないですよ。ぼくからすればあなたの周囲のいる大人のほうがずっと愚かじゃん。

15歳から母親の介護がはじまって、責任感と不安を日々感じながら18歳になったわけだけど、きっと授業中とか学校から帰る途中でも「もしもいま倒れていたら……」ってすごく不安だったでしょ。大変なことだったとおもいます。

あなたが経験していることって、一般的な10代の子が経験することじゃないんですよ。

これはいいことではないよ。若いうちの苦労は買ってでもしろ、なんて苦労の販売人が都合よくいうけど、そもそもあなたがこの3年間で買わされたのは苦労じゃなくて理不尽です。

でもあなたはその理不尽で充実感を得ているでしょう？　過去の自分を責めることができるぐらいにいまは役に立っている実感もあるんだろうけど、あなたが求めているものはお母さんからの愛情なんですよ。それで残念だけど、お母さんはあなたが求める愛情をうまく与えられていないとおもうの。

18歳の未成年の子が「わたしの母は昔からお酒を愛していました」なんてあんまりいわないよ。自分に愛情が向けられていないという実感の表れだとおもうよ。

子どもが親に愛情を求めるのはあたりまえのことだとおもう。でも、あなたはあと何年介護をしますか？　10年？　20年？　それから自分の人生をスタートさせますか？　あなたの目標や夢を叶えるのが10年や20年という時間ですよ。

もしも、親の介護をしていない人生を歩んだ「もう一人のあなた」がいたら、いまなにをしますか？　それを夢物語とか妄想ってバカにしないで、心のどこかに持っていてほしいの。

お酒のことでおばあちゃんに怒られるかお母さんに怒られるか、そんなことは表層の問題で、本質の問題はまったく好転しないし、解決にもならないよ。そもそもあなたが何を選択したって怒られるよ、お母さんもおばあちゃんも叔父さんも鬱憤《うつぷん》を誰かにぶつけたいんだから。

ぼくは、あなたの周囲の大人が高校生の子どもに親の介護をこれまでずっとさせていたことが疑問なの。あなたの兄弟が30人いて日替わりで毎日介護してて、全員が働いていて全員がすこし金銭的な負担をしているのなら、理解はできます。

家族で介護が成り立っていた時代は、子どもの数がおおくて、若い人の収入が年功序列で増えることや終身雇用が前提で、それでいて親の寿命が短かった時代だよ。少子高齢化で長寿になり、若い人の収入や将来に不安を抱えた現代では、家族での介護は基本的に不可能だとぼくはおもってます。

主人公をあなたのお母さんにしてみると、生後まもない子どもを抱えたシングルマザー、酔って子どもに暴力を振るうことがあっても必死に仕事をしていた。突然病気で倒れて左半身不随。仕事をやめて、いまでは子どもが自分のために介護してくれて、美しい家族愛とか親子の絆のストーリーが一本できるよね。感動に飢えた人がポルノにしちゃいそうだよね。

感動ポルノにベロベロに酔った人は、心の中では冷静にあなたの立場になりたくないっておもいながら「えらいわね、あなたがちゃんとしなきゃね」といってあなたに逃げるという選択肢の存在すら教えないのよ。

介護士さんとか看護師さんだって、いろんな人を仕事上でみていて、それらを比較して考えがちなの。嫌な患者さん家族もいればいい患者さん家族もいるの。見舞いに来たり献身的な介護をする家族をいい家族って捉えて、それをやらない家族を悪く捉えるの。

孤独死をあたかも周囲の人間が悪いように捉える人がいるけど、その人が健康なときにどんな人間だったか考えたほうがいいよね。孤独死をした人が自分の子どもや配偶者にはめちゃくちゃ悪い人だったかもしれないのに。介護と病気は健康なときの人間関係を炙《あぶ》り出すものなんだよ。

あなたがまだ若くて責任感がある人で、お母さんに愛情を求めているのを理解した上でとてもショックなことをいうのだけど、このままだとあなたのお母さんが死なない限り、あなたの介護は続くのよ。

いまはまだいいかもしれないけど、あなたと同年代の子が旅行をしたり、オシャレを楽しんだり、合コンしたりデートをしたり結婚をしたり、なんだかキラキラと輝いていてうらやましいとおもいだしたとき、もしくはあなたが求めている愛情を他の誰かが与えてくれたときに、もしかしたら親の死を願ってしまうかもしれないのよ。

介護で充実感を得たりアイデンティティにしながら、過去の自分を責めるような成長をすると、介護から逃げることもできないし、親の死を願った自分をまた責めてしまい、もうどうしたらいいかわからなくなって、あなたが自滅をするの。お母さんがお酒で自滅することの心配よりも、ぼくは自分の心配をしてほしいかな。

お母さんの飲酒はお酒の種類や量と、その人のお酒の強さによって一概にはいえないのよ。ワイン一本飲んじゃう人もいれば養命酒一杯でベロベロになっちゃう人もいるの。養命酒一杯でベロベロになった人は見たことないけど、世界は広いんだからどっかにいるよ。

お酒を飲まないであろうあなたが判断するのはとても難しいとおもう。お酒が好きなら飲ませてあげれば？　ともおもうけど、本当にアルコール依存症ならやはり飲ませないほうがいいよね。アルコール依存症に必要なのは、お酒じゃなくて医療だよ。お母さんのためというよりも、あなたのために。

お酒の問題は、アルコール依存症の病院を探して、あなたが相談をするのがいちばんいいいよ。おばあちゃんは現役を退いて何年も経ってるだろうし、あまり役には立たないんじゃないかな。

親の介護をアイデンティティにしちゃダメだし、過去の自分を責めてはダメだよ。そして逃げてもいいということを知っておいてください。お兄さんはうまく距離をとって自分の人生を生きてるよね。

あと、ぼくは先生じゃないです、どっちかといえば病人。写真家を先生って呼ぶのは昭和の時代。あなたとぼくでなにか上下関係があるわけじゃないから、幡野さんでいいんですよ。バカでも年齢は勝手に重ねることができるんだから、長く生きているだけで偉そうにはできないよね。

Q

14歳のきみが夢を叶えるために

辛いです。友達が欲しくていつの間にか周りに意見を合わせている自分が嫌になります。私の周りは写真だったり、ダンスだったり、文章だったり、そういう芸術っぽいことで自分を表現することがバカにされます。

全力で目標に向かって努力することが笑われます。私もついこの前までそうでした。

夢ができました。頑張りたいと思いました。今までバカにしてきたことではあったけど、真剣にやりたいと思ったんです。でも、それから何も変わっていません。皆に合わせてへらへらしているだけ。何で友達が欲しいのか分かりません。そんな風にしてまで手に入れる関係なのかも、そもそもこれが友達なのかも。一人になったときに自己嫌悪で気持ち悪くなるし、色々考えてしまいます。

努力なら一人でもできるはずなのに、体が動きません。こんな状態になってしまうということは、頑張りたいという気持ちが嘘なんでしょうか。諦めた方がいいんでしょうか。最近は皆といるのが苦しくて距離を置くようになりました。

幡野さんの写真展にこの前行かせて頂きました。ありのままを写した写真と何も飾っていない言葉に胸が暖かくなりました。私も幡野さんみたいに本音で生きたいです。ぐちゃぐちゃな文章でごめんなさい。どうぞよろしくお願いします。（無 14歳）

A

高校生や大学生や社会人になったり、成長して大人になれば、夢をバカにされなくなるかといえばそんなことはなくて、夢というのはずっと誰かからバカにされつづけます。ちょっと納得できないことかもしれないけど、それが事実だとぼくはおもいます。

もうこれは仕方ないことだとおもいます、そういうことに悲しんだり、怒って社会を変えることも大切なんだけど、きみはもう夢や目標が定まっているから、バカにされる波を乗りこなして、夢に向かって進んでしまったほうがいいです。ザッパーンって波の直撃をうけていたら疲れるから、浮き輪に入って乗りこなすぐらいがちょうどいいよ。

バカにする側はバカにしたいものだから「都合の悪いことから逃げてる」っていいだすけど、都合の悪いことからは逃げましょう、あたりまえです。

ぼくも写真家になりたいと決めたころは、周囲の人にとてもバカにされました。真剣に考えて努力していたけど結果を出していなかったから、バカにされてもいいかえせなくて、とても悔しいおもいをしました。きみとおなじように自分を疑ったり、諦めようとした時期もありました。

いま振り返れば、結果は出せていなかったけど、進んでいる道のさきに結果がちゃんと待っていたからじつは順調だったんだけど、未来になにが起きるかなんて誰にもわからないのだから、そのときは不安でいっぱいでした。それくらいバカにされるというのは恐ろしいことなんです。

写真家になって結果を出すようになってからは、バカにされることはほとんどありません。こうやって文章を書く仕事もたくさんしているけど、これもバカにされることもありません。それはいきなり結果を出したからだとおもいます。でも文章を書く仕事だって、結果を出していないころに文筆家になりたいっていっていたら、バカにされていたとおもいます。

評価をされだすと、ぼくのことをバカにしていた人が手のひらを返して、幡野を育てたのはオレなんだぐらいの顔をしたりします。バカからバカにされていただけなんだと最近ようやく気づきました。つまりバカというのは見る目がないんです。

きみの夢をバカに潰されることほどバカらしいことはないよ。でも、まだ未熟な時期になんでもかんでも褒められるのは、技術や知識に関しては問題があるとおもいます。バカにされて自分を過少評価してしまうことは危険だけど、褒められて過大評価して勘違いをしてしまうこともとても危険です。

夢に向かって進む若い人の最大の不幸は、正当な評価を受けにくいということだとぼくはおもいます。若い女の子にたいしては下心を抱いたおっさんが、口説くために褒めまくったりします。若い男の子にたいしては社会への恨みを胸に抱いたバカが、憂さ晴らしするためにパワハラレベルでバカにしまくったりします。

写真家の世界は恥ずかしいことに、これがとてもおおいです。声優の専門学校で先生をしているかたとさいきん会ったんだけど、声優を目指す若い子も似たような境遇があるそうです。もしかしたら、いろんな業界で蔓延《まんえん》していて、きみもいつか受けてしまうかもしれません、相手の真意を探る力や人を見る力が大切です、気をつけてください。

きみに必要なのは適切な指導をしてくれる人です。スポーツだってコーチがいるし、音楽だって勉強だって習い事なんてみんなコーチでしょ。若い子のほうが体力も吸収力も高いんだけど、やっぱり足りない部分があるの。適切な努力をさせて人をのばすのが優秀なコーチなの。

そういう人と出会えればとても幸運だけど、何年後に出会えるかわかりません。ない物ねだりをしていても仕方ないので、いまはきみ自身がきみのコーチになるしかありません。きみにはたぶんそれができます。

「そんなのできないよ」っておもいましたか？　それは夢をバカにする人が大好きな言葉です。もしもおもってしまったら、その言葉を自分で自分にいうのはやめましょう。もしもおもわなかったら、なおさらきみはコーチができます。

「ありのままを写した写真と何も飾っていない言葉に胸が暖かくなりました」って書いてくれてるけど、ぼくの写真と言葉をきみは14歳でしっかりと見抜いています。ぼくは写真をありのままに撮ることを意識していて、言葉を飾ろうとしていません。

それでいいんだと気づいたからです、それに気づかなければ、ありもしないものを不自然に撮ったり、ジャラジャラに飾りまくった言葉で自分を美しく見せかけるような文章を書いていたとおもいます。クジャクが美しいのは自然だから美しいんだよね。

きみは自分のこともよく把握できてる。それがいまは悩みになっているのだけど、ぼくからみたらいまが順調です。自分のことも誰かのことも分析できるなら、適切な努力の仕方もきっとわかります。

きみの夢を叶えている人の本やインタビュー記事を読んで、作品を出しているならよく観察して自分に足りないものを分析して、まずは真似をすればいい。そうやって誰かの真似がだんだんとできてくると、本当にいいとおもうことをやろうとおもってきます。

夢を叶えるために大切なことは、自分がいいとおもうことを実行することと、それを可能にする技術と知識です。これはすぐにできることじゃないです、何年もかかります。だから夢に取り組むのは、はやけりゃはやいほどいいのよ。


途中で夢を変えることだって、全然いいんだよ。いままで努力したことがゼロになるんじゃなくて、次の夢にも必ずいきるから。ぼくは写真の経験が文章にいきています。夢や目標というのは、一人一つという決まりはありません。

つらかったり疲れたときはがんばらなくてもいいです。ぼくも疲れたら写真を撮らないし、文章も書きません、諦めずに長く続けるコツです。疲れたときは料理をしたり、映画を見たり音楽を聞いています。だから夢以外の趣味も夢を支えるために大切です。

そしてどんな夢であっても、夢を叶えた人と会話することが大切です。じつは学校の先生も夢を叶えた人たちなんだよ。好きな先生っているでしょ、その先生にきみの夢をはなすんじゃなくて、先生の夢の話をきいてみて。きっと夢を諦めようとした時期だってあるし、教師になる夢は叶えたけど、これからを悩んでいるかもしれない。だから夢を叶えたさきの夢をきいてみよう。

もしも先生にきみの夢をバカにされたら、その先生は勉強ができるだけのバカだから気にしなくていい。先生って褒められることが少なそうだから、気づいたことはどんどん褒めてみて。大人だってバカにされると悲しいし、褒められるとうれしいんだよ。

ぼくがこうやって偉そうにペラペラとアドバイスしているのは、きみがぼくの写真展に来てくれて、褒めてくれたことがうれしかったからなんだ、ありがとう。

きみをバカにしない子と友達になったほうがいいし、夢を叶えるには孤独と友達になることも大切なんだ。でも友達を変えることだって大変だし、孤独といきなり親友にはなれないから、みんなに合わせてヘラヘラとしつつ、距離をとって波を乗りこなそう。むしろ対応としてはすでに上手いぞ。もしもぼくが中学生だったら、きみみたいな子と友達になりたかったよ。

自分の夢に対する気持ちをわざわざ自分で疑っちゃダメだ。夢を真剣にがんばりたいとおもったときの気持ちを信じよう、それがきみの本音で生きるということだ。結果がまだないときの、唯一のちいさい自信になる。

きみの夢が叶うかどうかは、ぼくにはわからない。でもきみの夢は努力をする価値があるんじゃないかな、だからすこし休んでからがんばってほしい。

おわりに――他人の悩みはひとごと、自分の悩みはおおごと。

「他人の悩みはひとごと、自分の悩みはおおごと。」というのが悩みの本質だとおもう。ぼくはたくさんの相談に目を通してきて、いまのところそう結論づけている。

前週の相談で恋愛相談にこたえれば、翌週には登場人物をすこし変えたような恋愛相談がたくさん届く。いろんな悩みにこたえているけど、どの悩みも翌週にはたくさん似たような悩みが届くのだ。

自分と似た悩みに触発されたのかもしれないし、わたしの話も聞いてほしいということなのかもしれない。でも前週、そっくりな相談にこたえているのだ。できれば登場人物をすこし変えて自分で考えてほしいけど「他人の悩みはひとごと、自分の悩みはおおごと。」ということなのだとおもう。

興味深いのは相談の内容が似ているだけでなく、文体までもが似ているのだ。コピーエーンドペーストしてるのかよ? ってぐらい似ている。あまりにも前ならえ、右むけ右!感があってすこしゾッとしたりする。

この連載は相談者とぼくだけのものではなく、読者がいてはじめて成立する読み物であることが大前提なので、ぼくは意図的に相談が似ないようにして選んでいるつもりだ。そしていろんな人生相談にこたえていることが、ぼくの人生経験にもなる。

似たような相談にたいして、自分で考えてくれよとおもってしまうぼくにも「他人の悩みはひとごと、自分の悩みはおおごと。」というのが当てはまるのだとおもう。

ぼく自身の悩みだって誰にも理解できないのだから、人の悩みだってぼくには理解ができないということを理解しているつもりだ。誰かに自分の悩みを理解してもらえるとか、誰かの悩みを理解できるというのは、残念ながら誤解なのだ。

自分の悩みを本当に理解できるのは、自分しかいない。お互いに理解できないということを理解したところからスタートするべきで、誤解からスタートするとだいたいあまりよくない結果になる。

「他人の悩みはひとごと、自分の悩みはおおごと。」というのは日本の社会にべっとりとこびりついた、他者への不寛容さの根底にあるのではないだろうか。人の悩みや苦しさに鈍感で、自分の苦しさに敏感であるほど、視野が狭くなり不寛容が始まるように感じる。

相談者さんから後日メッセージが届くと、読者の方々の感想や言葉に励まされたということが必ずといっていいほど書かれている。相談者さんの悩みを理解できなくとも、おもいやることは可能なはずだ。

ほんのすこしの言葉で励ますことや勇気づけることはできる。「他人の悩みはひとごと、自分の悩みはおおごと。」ということを理解して、おもいやりの気持ちがあれば社会はもっとよくなるのではないだろうか。

2020年10月　　幡野広志

本書は、cakes「幡野広志の、なんで僕に聞くんだろう。」
（2019年11月4日～2020年6月22日掲載分）
の中から32コラムを選び、加筆修正したものです。

ブックデザイン　名久井直子
写真　幡野広志
協力　小池花恵
編集　大熊 信（note株式会社）
袖山満一子（幻冬舎）

幡野広志

HIROSHI HATANO

写真家。1983年、東京生まれ。2004年、日本写真芸術専門学校中退。2010年から広告写真家・高崎勉氏に師事。同年「海上遺跡」で「Nikon Juna21」受賞。2011年、独立し結婚する。2012年、エプソンフォトグランプリ入賞。2016年に長男が誕生。2017年、多発性骨髄腫を発病し、現在に至る。著書に『ぼくが子どものころ、ほしかった親になる。』(PHP研究所)、『写真集』(ほぼ日)、『ぼくたちが選べなかったことを、選びなおすために。』(ポプラ社)、『なんで僕に聞くんだろう。』(幻冬舎)がある。

Twitter@hatanohiroshi

note@hatanohiroshi

他人の悩みはひとごと、自分の悩みはおおごと。
#なんで僕に聞くんだろう。

2020年11月10日　第1刷発行

著　者　　幡野広志
発行人　　見城 徹
編集人　　菊地朱雅子
編集者　　袖山満一子

発行所　　株式会社 幻冬舎
〒151-0051 東京都渋谷区千駄ヶ谷4-9-7
電話　03（5411）6211（編集）
03（5411）6222（営業）
振替　00120-8-767643

印刷・製本所　　中央精版印刷株式会社

検印廃止

ISBN978-4-344-03670-3　C0095
幻冬舎ホームページアドレス　https://www.gentosha.co.jp/

この本に関するご意見・ご感想をメールでお寄せいただく場合は、
comment@gentosha.co.jp まで。